Karl-Heinz Fleckenstein
Glauben macht uns stärker

Für meine Tochter Elizabeth in ihrem Engagement
für die Menschen in Not.

Karl-Heinz Fleckenstein

Glauben macht uns stärker

Reportagen

Mit einem Nachwort von Michael Albus

Butzon & Bercker

Bibliografische Information der Deutschen Nationalbibliothek

Die Deutsche Nationalbibliothek verzeichnet diese Publikation in der Deutschen Nationalbibliografie; detaillierte bibliografische Daten sind im Internet über http://dnb.d-nb.de abrufbar.

Das Gesamtprogramm
von Butzon & Bercker
finden Sie im Internet
unter www.bube.de

ISBN 978-3-7666-2482-6

© 2018 Butzon & Bercker GmbH, Hoogeweg 100, 47623 Kevelaer, Deutschland,
www.bube.de
Alle Rechte vorbehalten.
Umschlaggestaltung: Christoph Kemkes, Geldern
Umschlagfoto: © picture alliance/AP Photo, Fotograf: Roger Ani
Satz: Schröder Media GbR, Dernbach
Printed in Lithuania

Inhalt

Vorwort

Der beste Erzähler ist immer noch das menschliche Leben. Die 16 Life-Stories in diesem Buch nehmen den Leser mit in das Geschehen hinein. Es ist, als wäre er selbst dabei gewesen. Gemeinsam sucht er mit dem jungen Brasilianer Rafael nach seinem verschollenen Vater. Er sitzt mit dem Mönch Jaques Mourad auf dem Motorrad, während er in einer abenteuerlichen Fahrt durch die Wüste dem IS-Terror entflieht. Er begleitet den schiffbrüchigen José Salvador Alvarenga auf seiner 13 Monate langen qualvollen Odyssee. Er bangt um das Leben von Ian McCormack, als dieser von einer giftigen Qualle beim Tauchen im Indischen Ozean gestochen wird.

Das Buch schildert authentische Lebensschicksale. Durch sie soll die rettende Kraft des Glaubens veranschaulicht werden. Bei manchen Geschichten bildet das aktuelle Phänomen der Christenverfolgung oder der Konflikt der Religionen den Hintergrund. Es sind Erzählungen, die nicht unbedingt mit einem Happy End enden, die manchmal von Angst, Schmerz, Enttäuschung oder Unsicherheit sprechen. Niemals jedoch haben Hass und Ablehnung das letzte Wort, weil Verzeihen und Barmherzigkeit größer sind als alles menschliche Versagen, wie es in der Story „Rosenkränze gegen Panzerraketen" deutlich wird. Manche Geschichten tragen in sich den Hauch des Abenteuers. Andere spiegeln eine innere, spirituelle Erfahrung wider in der Erkenntnis, dass wahre Erfüllung im Leben nicht so sehr in der Ichbespiegelung, sondern im Schenken ruht.

Es sind spannungsgeladene Storys, die alle auf einem wahren Hintergrund basieren und die gerade in ihrer Mischung von Erzählung, Erinnerung, Gespräch und hintergründigen Gedanken besonders reizvoll sind. Durch verschiedenste Quellen bin ich auf sie aufmerksam geworden. Manche Situationen und Dialoge habe ich erzählerisch aufbereitet, wobei es mir weniger darum geht, ob jedes Wort genau so gesagt und jedes Detail genau so stattgefunden hat. Es geht mir vielmehr stets um die innere Wahrheit und die Tatsache, dass der Glaube an Gott Menschen in den schwierigsten Momenten ihres Lebens Kraft und Zuversicht finden lässt.

Karl-Heinz Fleckenstein

Auf der Flucht vor dem IS-Terror

Pater Jacques betreute die katholische Gemeinde in der syrischen Kleinstadt Karjatain und gehörte zugleich dem Orden von Mar Musa an. Der italienische Geistliche Pater Paolo Dall'Oglio hatte seit dem Jahr 2000 das verfallene Steinkloster aus dem 7. Jahrhundert mitten in der überwältigenden Einsamkeit des syrischen Wüstengebirges restauriert und zu einem Zentrum des muslimisch-christlichen Dialogs gemacht. Christen aus aller Welt hatten es besucht und neue Hoffnung für eine friedlichere Zukunft geschöpft. Dutzende arabische Muslime klopften dort an, um ihren christlichen Geschwistern zu begegnen, mit ihnen zu reden, zu singen, zu schweigen und auch in einem für sie reservierten Bereich nach ihrem eigenen islamischen Ritus zu beten. Mit ihrer Hände Arbeit, ihrer Herzen Güte und ihrer Seelen Gebete hatten die Nonnen und Mönche von Mar Musa einen Ort geschaffen, der eine kommende Versöhnung vorausahnen ließ.

Pater Jacques war vom Imam und den Scheichs hoch geachtet. Wo die Dschihadisten sich in ihrer Zerstörungswut ausgetobt hatten, half der syrische Mönch 50 muslimischen Familien, ihre zerstörten Häuser wiederaufzubauen und sie mit Lebensmitteln und Medikamenten zu versorgen.

Am 21. Mai 2015 dringen drei bewaffnete Männer des sogenannten Islamischen Staates in das Mar-Elian-Kloster am Rande von Karjatain ein. Sie verlangen nach Pater Jacques. In seinem kargen, kleinen Büro, das zugleich Wohnzimmer und sein Schlafzimmer ist, packen sie den Gesuchten und verschleppen ihn zusammen mit seinem Diakon Boutros als Geisel.

Pater Jacques Mourad beim Gottesdienst in seiner Gemeinde Qaryatein

Nach Monaten in IS-Geiselhaft kommt Pater Jacques Mourad endlich frei. In Rom berichtet er das erste Mal darüber. Sein Blick ist ernst, dunkel und traurig. „Ich hatte ja schon mit dem Leben abgeschlossen", sagt er auf Französisch. „Unsere Kerkermeister versuchten, uns in jeder Weise zu erniedrigen. Sie beleidigten, beschimpften und bedrohten uns: ‚Werdet Muslime, ihr Ungläubigen, oder wir schlagen euch den Kopf ab!' Die ersten vier Tage haben wir in einem mitten im Gebirge abgestellten Auto verbracht. Es war das gleiche Fahrzeug, in das uns die maskierten Männer beim Überfall hineingezerrt hatten.

Nach einer tagelangen Odyssee durch die Wüste – die Augen immer verbunden – erreichten wir die IS-Hochburg Rakka. Während der Reise hatte ich cholerische Anfälle. Ich dachte: ‚Jetzt ist es vorbei.' In Rakka warf man uns Geiseln vorerst in ein Klo. Nur um uns zu erniedrigen. Aber das tat es nicht. Die Erniedrigung hat uns vielmehr Mut gemacht und neue Kraft verliehen, ist sie doch ein Teil unserer christlichen Berufung. Während meines Gefängnisaufenthalts habe ich natürlich auch Angst gehabt. Fast täglich kamen verschiedene IS-Wachen in meine Zelle und fragten mich: ‚Wer bist du?' Ich antwortete: ‚Ich bin Christ.' – ‚Dann bist du ein Ungläubiger!', schrien sie mich an. ‚Wenn du nicht bald zum Islam konvertierst, werden wir dich mit dem Schwert umbringen!' Doch je mehr Zeit verging, umso mehr verspürte ich eine große innere Ruhe. Ich hatte keine Angst mehr vor meinem bevorstehenden Tod. Sollte ich sterben, so war mir bewusst, dass ich von den vielen hingerichteten christlichen Märtyrern weder der Erste noch der Letzte sein würde."

Eines Tages kommt ein Vermummter in die Zelle. Er nennt Pater Mourad einen Nazarener. Das ist die Bezeichnung für die Christen aus dem Koran. „Da hatte ich plötzlich die Bilder aus den Videos vor mir, in denen IS-Geiseln geköpft werden. Ich dachte: ‚So, nun ist es vorbei.' Zu meiner großen Überraschung setzte sich der Fremde zu mir und gab mir die Hand. Eine total unübliche Geste für Dschihadisten, die Christen als geringere, unreine Menschen ansehen. Ich war verdutzt. Der Mann war Syrer. Ich überlegte krampfhaft, wer er sein könnte. Er hatte eine Wortwahl, die nicht zu den Dschihadisten passte. Er empfahl mir, die Geiselhaft als spirituelle Exerzitien anzusehen. Ich empfand das alles geradezu wie eine Wiedergeburt. War er ein Unterhändler, den der Vatikan geschickt hatte?"

Am 11. August werden die Geiseln verlegt. Wieder eine Fahrt durch die Wüste, dann durch einen Tunnel, die letzte Strecke zu Fuß. Am Ende öffnet sich ein Eisentor, hinter dem mehr als 250 Menschen eingesperrt sind: Frauen, Kinder, Alte, Gebrechliche. Pater Jacques erkennt viele: Geiseln aus Karjatain, die Anfang August deportiert worden waren. „Es war furchtbar, sie hier zu sehen. Ich habe ihre Ängste mit ihnen geteilt. Unter ihnen war auch eine krebskranke Frau. Wir haben den IS angefleht, ihr Medikamente zu besorgen. Aber es war umsonst. Die Frau starb. Das war Folter. Sie haben die Menschen nicht physisch gefoltert, aber psychisch. Die Terroristen wollten unseren Lebenswillen zerstören."

Anfang Oktober wird Pater Mourad nach Karjatain gebracht und „befreit". Es gibt üblicherweise vier Möglichkeiten, um die Geiselhaft zu beenden und die „Freiheit" zurückzuerlangen: entweder durch Tod von Frau und Kindern, durch Versklavung, per Lösegeldzahlung oder mit totaler Unterwerfung. Letztere wird dem Pater von IS-Chef Abu Bakr al-Baghdadi persönlich in Aussicht gestellt. Unterwerfung bedeutet, dass Christen ihren Glauben fortan nicht mehr öffentlich zur Schau stellen dürfen: keine christlichen Symbole wie Kreuze tragen, keine Mikrofone beim Gebet benutzen, weder Waffen besitzen noch alkoholische Getränke konsumieren. Frauen müssen sich an eine strenge Kleiderordnung halten. Dazu haben die Christen Schutzgeld, eine sogenannte Kopfsteuer, zu zahlen.

Die neue Freiheit ist keine echte. Im Keller eines Hauses von Freunden, wo der Pater unterkommt, feiert er die heilige Messe. „Wir beteten gemeinsam. Aber wir hatten kein Wasser, keine Lebensmittel, keinen Strom. Nichts. Am Ende blieb uns nur noch die Flucht. Ich habe einen muslimischen Freund gefragt, ob er mich mit seinem Motorrad in Sicherheit bringen will. Er war damit einverstanden. Also sind wir losgefahren. Quer durch die Wüste. Ich als Muslim verkleidet. Es ist wie ein Wunder, dass unterwegs nichts passiert ist."

Schließlich erreichen die beiden die westsyrische Stadt Homs. Auf die Frage, ob die anderen entführten Christen auch ihre Freiheit zurückgewinnen konnten, antwortet Pater Mourad: „Das war einer der Gründe, warum ich geflohen bin. Ich wollte eine Möglichkeit finden, auch ihnen zur Flucht zu verhelfen. Und wir haben es geschafft. Drei Tage später konnten wir 58 Personen befreien." Nach und nach sind alle christlichen Geiseln durch die Wüste geflohen, immer mithilfe von muslimischen Freunden und Nachbarn.

„Europa und der Westen müssten sich ihrer Verantwortung dem syrischen Volk gegenüber bewusst werden", appelliert Jacques Mourad. „Es geht dort nicht nur um die Christen, sondern um alle Syrer, die vor dem Krieg über das Meer fliehen. Viele von ihnen sterben dort."

In der von der syrischen Armee zurückeroberten Stadt Karjatain hat der „Islamische Staat" Trümmer und im Kloster Mar Elian eine Spur der Verwüstung hinterlassen. Auch das Grab des Heiligen ist geschändet. Doch seine Reliquien gingen nicht verloren. „Angesichts dessen, was geschehen ist und was immer noch geschieht, möchte ich eigentlich vor allem schweigen", erklärt Mourad. „Denn das Schweigen scheint mir heute richtig und angemessen. Dass die Reliquien von Mar Elian nicht geraubt wurden, ist für uns ein großes Zeichen. Es bedeutet, dass er dieses Kloster und dieses Land nicht verlassen wollte. Wir wissen, dass die Heiligen im Himmel sind. Wir können sie dort anrufen und um ihre Hilfe bitten. Ich erinnere mich daran, wie ich am 9. September, dem Fest des heiligen Elian, einen Gottesdienst mit den anderen christlichen Geiseln feierte. Damals sagte ich ihnen: ‚Es ist nicht schlimm, dass das Kloster und das Grab zerstört wurden. Wichtig ist, dass Mar Elian in unseren Herzen wohnt. Egal, wo wir sind. Ob in Kanada oder in Europa. Weil er in den Herzen seiner Gläubigen weiterlebt.'"

Der Krieg in Syrien geht unvermindert weiter. Friedensverhandlungen sind wiederholt gescheitert. Viele Menschen fliehen – unter ihnen auch Christen. Die Gefahr ist groß, dass das Christentum im Nahen Osten ausgelöscht wird. Für Jacques Mourad ist diese Auslöschung längst Realität. „Schon heute gibt es im Irak und in Syrien Gegenden, in denen keine Christen mehr leben. Danke an Deutschland und Europa, die mit

Großzügigkeit und Liebe viele Flüchtlinge aufnehmen! Aber die Menschen fliehen nicht freiwillig. Sie haben keine andere Wahl. Das gilt besonders für die Christen in Syrien. Sie sind eine kleine Minderheit. Die Gewalt, die dort herrscht, ist unerträglich. Die Welt muss endlich reagieren!"

Aber wie soll eine solche Reaktion aussehen? „Wenn die Welt es tatsächlich ernst meint und die Fanatiker stoppen will, dann muss sie aufhören, mit Saudi-Arabien Geschäfte zu machen", mahnt Pater Jacques mit großer Bestimmtheit. „Denn von dort kommen das Geld und die Waffen für den IS. Die Bombardierungen bringen gar nichts. Seit Jahren bombardieren die USA und Russland Syrien und den Irak. Was haben sie erreicht? Haben sie die Gewalt der Terroristen gestoppt? Keineswegs! Die Lösung kann nicht darin bestehen, diejenigen, die uns verfolgen, zu eliminieren. Der Dialog mit dem Islam ist die einzige Möglichkeit, die Extremisten zu stoppen. Das ist meine ganz persönliche Erfahrung. Wir, die Christen meiner Gemeinde, haben uns trotz der Gefahr entschlossen, keine Gewalt anzuwenden. Deshalb sind wir noch am Leben. Ein Anführer des IS hat es uns bestätigt: ‚Ihr Leute des Buches – das ist die Bezeichnung im Koran für Juden und Christen – wendet nicht einmal uns gegenüber Gewalt an.' Unsere Welt braucht eine Revolution gegen die Gewalt. Nur dann kann sie Frieden finden. Wir Christen wollen Werkzeuge des Friedens sein."

Ein Sohn sehnt sich nach seinem Vater

Rafaels Mutter Ruth ist erst 14, als sie schwanger wird. Ein 25-jähriger Mann hat sie vergewaltigt. Nach dieser sexuellen Misshandlung ist sie seelisch schwer verwundet. Als der Vater des Kindes von der Schwangerschaft erfährt, verschwindet er spurlos. Obwohl Ruth im Grunde noch ein Kind ist, muss sie wie alle Kinder schon seit ihrem achten Lebensjahr hart arbeiten, herrscht doch in der brasilianischen Stadt Barretos große Armut. Ruths Eltern haben sich den Zeugen Jehovas angeschlossen – weniger aus Überzeugung, eher aus Tradition. So sind gewisse religiöse Werte latent vorhanden.

Ruth hat Angst, ihr Geheimnis zu enthüllen. Doch irgendwann kann sie es nicht mehr verbergen. Mit 14 Jahren ein Kind zu erwarten, das passt auf keinen Fall zu den Moralvorstellungen der Familie. Ihre Mutter nimmt die Neuigkeit mit Fassung auf. Sie möchte ihrer Tochter auf jeden Fall beistehen. Doch der Großonkel, der die Stelle des verstorbenen Vaters vertritt, kann sich damit nicht abfinden. Er drängt Ruth zur Abtreibung. Sie weiß nicht mehr ein noch aus. Ängste und Gewissenskonflikte plagen sie Tag und Nacht. Doch sie will ihr Kind unter allen Umständen zur Welt bringen. Eines Tages kommt der Großonkel betrunken nach Hause. In seinem Rausch schlägt er voller Wut mit einem Besenstiel auf das Mädchen ein. „Wenn du das Kind nicht aus der Welt schaffst, dann muss ich es tun!", brüllt er voller Zorn. Schwer verletzt wird die Schwangere ins Krankenhaus geschafft. Dort stellt man sie vor die Wahl, sich für das eigene Leben oder das ihres Kindes zu entscheiden. Ohne Zögern entscheidet sie sich für ihr Kind: „Mein Leben ist sowieso schon ruiniert!"

So kommt am 4. März 1983 ein kleiner Junge zur Welt. Er hat nur fünf Monate und 29 Tage im Schoß seiner Mutter gelebt. Die Ärzte geben dem Baby eine Überlebenschance von maximal drei Tagen. Eine Ordensschwester fragt die im Sterben liegende Mutter: „Darf ich das Kind taufen?" – „Es ist mir gleich, was Sie mit dem Kind machen. Wenn es nur überlebt", ist Ruths Antwort.

Mit einigen Tropfen Weihwasser tauft die Nonne das Baby auf den Namen Rafael. Da kein Taufpate anwesend ist, erwählt die Schwester den Erzengel für diese Aufgabe. Gleichzeitig bittet sie den mächtigen Namenspatron des Kindes, ihm das Leben zu erhalten. Sechs Monate lang kümmert sich die Ordensfrau liebevoll um den Kleinen im Brutkasten. Nach acht Monaten darf Rafael nach Hause zu seiner Oma. Auch die Mutter hat diese qualvolle Geburt zur Verwunderung aller überlebt. Schon bald arbeitet sie wieder auf den Baumwollfeldern.

Rafael wächst bei seiner Großmutter auf. Als er drei Jahre alt ist, zieht seine nicht einmal 18-jährige Mama mit einem Mann zusammen, der der Vater seines Halbbruders Juanito wird. Die Oma behält den Kleinen in weiser Voraussicht bei sich; denn der neue Lebensgefährte von Ruth erweist sich als gewalttätig. Diese Beziehung wird nicht von langer Dauer sein.

Oma erzählt Rafael oft aus der Heiligen Schrift und unterrichtet ihn im Glauben der Zeugen Jehovas. Der Kleine liebt seine Ersatzmutter sehr. Er ahmt sie in allem nach, bis hin zu ihrer Diät, die sie wegen einer Diabeteserkrankung halten muss. Welch ein Schock für den gerade Vierjährigen, als die Großmutter schwer krank wird und stirbt! „Erst bei der Beerdigung begriff ich, was ich an meiner Oma verloren hatte. Sie fehlt mir bis heute", gesteht Rafael.

Die Großmama hatte ihre Tochter Anna, die Schwester von Ruth, gebeten, sich nach ihrem Tod um den Kleinen zu kümmern. Anna hat selbst zwei Kinder. Obwohl ihr Mann Alcides als Schuhmacher redlich sein Geld verdient, reicht es kaum, um die Familie zu ernähren. Trotzdem erinnert sich Rafael gerne an diese Jahre: „Es war die schönste Zeit meines Lebens. Auch wenn wir sehr arm waren; denn in dieser Familie herrschte viel Liebe."

Schon in den ersten Tagen lehrt ihn Onkel Alcides: „Bei uns ist es so. Wer etwas hat, teilt es mit allen." Meistens gibt es nur Reis mit Bohnen. Wenn einmal ein Ei dazukommt, wird es in fünf gleiche Stücke aufgeteilt, sodass jeder etwas davon bekommt. Fleisch gibt es fast nie. Mit acht Jahren ist Rafael einer der besten Eisverkäufer auf der Straße. Das Geld, das er dabei verdient, gibt er seiner Tante oder er kauft für die Familie Hackfleisch – seine Lieblingsspeise.

Onkel Alcides ist zwar wie ein Vater für Rafael, dennoch sehnt sich der Junge danach, seinen wahren Vater kennenzulernen. Jedes Mal, wenn in der Schule „Vatertag" gefeiert wird und die Kinder für ihren Papa ein Bild malen, ist sein Schmerz besonders groß. Trotzdem hat Rafael wie alle Kinder auch an diesem Tag ein Wunschbild für seinen Vater gemalt: einen Bus, in dem Mama und Papa mit seinem Bruder und ihm gemeinsam fahren. Am Abend liest Rafael im Buch des Propheten Jeremia: „Noch ehe ich dich im Mutterleib formte, habe ich dich ausersehen, noch ehe du aus dem Mutterschoß hervorkamst, habe ich dich geheiligt, zum Propheten für die Völker habe ich dich bestimmt (...) Sag nicht: Ich bin noch so jung (...) denn ich bin mit dir, um dich zu retten" (Jeremia 1,5.7–8). Diese Worte treffen den Neunjährigen mitten ins Herz: „Wenn Gott mich kannte, noch bevor ich geboren wurde, dann ist er ja mein Papa. Und wenn er sagt: ‚Ich bin mit dir‘, dann hört er mich ja, wenn ich mit ihm spreche.“

In dieser Nacht schlüpft Rafael aus dem Bett, kniet nieder und betet: „Mein Gott, ich möchte, dass du mit mir sprichst, wie du mit Jeremia gesprochen hast; denn ich möchte dir mein Bild schenken.“ Doch die ganze Nacht über geschieht nichts. Am Morgen liegt das Bild noch immer neben dem Bett. Gott hat es weder abgeholt noch hat er mit Rafael gesprochen. Die Enttäuschung ist für den Jungen zu groß. „Dieser Gott ist also genau wie mein Papa. Er spricht nicht mit mir. Er ist mir gegenüber völlig gleichgültig. Also werde ich von jetzt an nicht mehr zu ihm beten.“ Zudem hat Rafael zufällig mitgehört, wie Onkel Alcides seiner Frau erzählt hat, dass Mama Ruth schon seit acht Monaten mit seinem Halbbruder auf der Straße als Bettlerin lebt, da sich niemand um sie kümmert. Rafael wird wütend vor Schmerz. „Was ist das nur für ein Gott, der den Menschen gegenüber so gleichgültig ist und sogar meine Mama allein lässt!“

Als Rafael seine Verwandten nach acht Jahren verlässt, gibt ihm seine Tante fast das ganze verdiente Geld mit der Bemerkung zurück: „Das ist der Lohn für deine Arbeit.“ Rafael ist inzwischen zwölf. Seine 26-jährige Mutter hat mittlerweile geheiratet und kann ihm und seinem Halbbruder endlich ein Zuhause bieten. Ihr ist es völlig egal, dass ihr Ehemann Milton, der zwar in der katholischen Kirche die Ehe mit ihr geschlossen hat, in Wirklichkeit Präsident und ein Medium der afrobrasilianischen Macumba-Sekte ist. Immerhin hat er sie von der Straße weggeholt. Im Macumba spielen Hexenglauben und Fetische eine große Rolle. Nicht nur weiße, sondern auch schwarze Magie gehören dazu.

Der neue Vater kümmert sich kaum um Rafael. Der Junge gerät in der Pubertät mehr und mehr in schlechte Gesellschaft. Er liebt Sex und Alkohol. Bereits mit 14 Jahren konsumiert er regelmäßig Drogen. „Am 11. August 1998 waren wir auf einem Fest, das drei Tage dauerte", erinnert sich Rafael. „Wir tranken, rauchten Marihuana, nahmen Ecstasy und tobten uns in Sexorgien aus. Mitten in dieser Stimmung kam ein Freund zu mir und sagte: ‚Du, ich habe heute Erstkommunion. Ich hätte es fast vergessen. Ich muss in die Kirche. Sonst bringt mich meine Mutter um. Bitte komm mit!'" Rafael versucht ihn abzuwimmeln. Mit der katholischen Kirche will er nichts zu tun haben. Er hat noch nie so ein Gebäude betreten. Doch sein Kamerad lässt nicht locker.

Kurze Zeit später findet sich Rafael in der letzten Kirchenbank wieder, geistig total weggedreht, mit Ecstasypillen und Alkohol vollgepumpt. Da hört er wie aus weiter Ferne die Worte der Lesung: „Noch ehe ich dich im Mutterleib formte, habe ich dich ausersehen." Es sind die gleichen Worte, die ihm einst den Mut gegeben hatten, Gott sein selbst gemaltes Bild als Geschenk anzubieten. „Ich begann zu weinen und dachte: ‚Das sind sicher die Drogen.' Aber dann hörte ich tief in meinem Innern ganz deutlich eine Stimme: ‚Du bist mein Sohn. Ich habe dein Geschenk deshalb nicht genommen, weil du mein Geschenk bist. Ich sehne mich nach dir. Lass dieses Leben und lebe mit mir!' Ich spürte ganz klar die Anwesenheit eines Mannes neben mir, der zu mir sprach. Dabei kam ich mir plötzlich vollkommen nüchtern vor."

Nach der Messe geht Rafael zum Pfarrer und erzählt ihm von seinem bisherigen Leben und seinem Erlebnis während des Gottesdienstes. Der Priester versteht schnell, dass hier die große Gnade Gottes am Werk ist. Er lädt den Jungen ein, zu den Gebetstreffen der Gemeinde zu kommen. Rafael ist begeistert, was er dort über den christlichen Glauben erfährt. Das alles geschieht ausgerechnet in jener Kirche, vor der seine Mutter jahrelang gebettelt hat.

Rafaels Stiefvater hat wenig Freude am Wandel des Jungen. Spürt er doch, dass er Energien mit nach Hause bringt, die seinem „Handwerk" als Medium der Sekte entgegenwirken. Zwei Jahre lang gibt es einen ständigen Kampf, bis zu dem Verbot, dass Rafael nie wieder eine Kirche betreten darf. Als er zu Neujahr 2000 dennoch durch die Heilige Pforte pilgern und die Messe besuchen will, wird sein Stiefvater rasend vor Wut. Er schlägt mit solchem Zorn auf Rafael ein, dass der 17-Jährige sich schwört: „Wenn er das noch einmal tut, werde ich ihn töten!"

Rafael bestellt sich bei einem Freund eine Pistole, die er am Abend nach der Messe abholen will. Doch in dieser Stunde wird sich alles verändern. Rafael nimmt an der Messe teil und hört die Lesung aus dem Matthäusevangelium: „Liebt eure Feinde und betet für die, die euch verfolgen" (Matthäus 5,44). Der junge Mann ist wie versteinert und sagt zu Gott: „Das schaffe ich nicht, ihm zu verzeihen. Wenn du das von mir verlangst, musst du mir helfen."

Als er nach Hause kommt, sitzt sein Stiefvater Milton betrunken im Sessel und murmelt etwas, was sein Stiefsohn noch nie aus seinem Mund gehört hat: „Du bist ein guter Junge. Kannst du mir vergeben?"

Eine Gebetserhörung? Betroffen antwortet Rafael: „Ich hab dich lieb!" Dann legt er seinem Stiefvater die Hand auf die Schulter und macht ihm ein Kreuzzeichen auf die Stirn, wie er es bei dem Priester gesehen hat. In diesem Moment fällt der Mann wie tot um. Rafael erschrickt zutiefst. Er flüchtet in sein Zimmer und schließt sich ein. „Ich habe ihn umgebracht", hämmert es in seinem Kopf.

Nach einer halben Stunde klopft es an der Tür. Voller Angst öffnet Rafael und sieht seinen Stiefvater total verändert vor sich stehen. „Was hast du mit mir gemacht?", beginnt dieser zu stammeln. „Ich weiß es nicht", kommt die zögernde Antwort. „Ich habe plötzlich ein helles Licht gesehen, dann Jesus", gesteht Milton, der jetzt völlig nüchtern wirkt. Kein Anzeichen mehr von Trunkenheit.

Sie beginnen, ruhig miteinander zu sprechen. Rafael erzählt seinem Stiefvater von Jesus und fragt ihn: „Wann warst du das letzte Mal bei der Beichte?" – „Vor 28 Jahren." – „Was hältst du davon, das jetzt nachzuholen? Doch zuvor solltest du deine Präsidentschaft bei der Macumba-Sekte niederlegen." – „Ach, ich habe doch keine Sünden begangen. Ich brauche das nicht." Doch nach einigen Überlegungen lenkt der Stiefvater ein. Sie arrangieren für den kommenden Tag einen Beichttermin. Milton schreibt einen Brief, in dem er sein Amt als Präsident der Sekte niederlegt. Eine halbe Stunde vor dem Beichttermin findet ihn Rafael im Bad liegend. Er hat einen Herzinfarkt erlitten und ist zu Boden gestürzt. Mit letzter Kraft haucht er seinem Stiefsohn zu: „Danke, danke, Rafael." Dann stirbt er.

In dieser Zeit arbeitet Rafael – dem Verbot seines Stiefvaters zum Trotz – im Pfarrbüro. Er hört von Einkehrtagen, die ein gewisser Pater Antonello Cadeddu aus Italien hält. Zusammen mit seiner ersten Freundin, die er wirklich liebt, nimmt er daran teil. Wenige Wochen später besucht Rafael die neu gegründete Gemeinschaft „Alleanza di Misericordia", „Bündnis der Barmherzigkeit". Die Mitglieder kümmern sich um solche, die heimatlos auf der Straße leben: Prostituierte, Bettler oder Drogenabhängige. Im Geist des Evangeliums stehen sie diesen in ihrer spirituellen und materiellen Armut bei. Dabei möchten sie die Barmherzigkeit Gottes für alle erfahrbar machen. Der 17-jährige Rafael fühlt sich dort an seinem Platz. „Ein Feuer begann in mir zu brennen, die Sehnsucht, mit den Armen auf der Straße zu leben, um ihnen Jesus zu bringen. Ich verließ meine Freundin und meine Arbeit und begann das Abenteuer mit Jesus in der Alleanza di Misericordia."

Seine Mutter ist mit Rafaels Entscheidung nicht einverstanden. Sie will ihren Sohn nicht noch einmal verlieren. Doch Rafael muss der Stimme seines Herzens folgen. Er holt einige Bettler ins Heim der Gemeinschaft, damit sie sich waschen können. Inzwischen kocht er ihnen etwas Nahrhaftes. Schon am ersten Tag sind es fünf „Tippelbrüder". Am zweiten Tag nimmt ein verlauster Obdachloser das Angebot des jungen Mannes an. Nachdem er sich duschen konnte und Rafael ihm Haare und Bart geschnitten und für ihn gekocht hat, kommen sie ins Gespräch. „Ich bin eigentlich kein wirklicher Bettler. Ich bin von Beruf Maurer", meint der Fremde. „Mir gefällt einfach das Vagabundenleben. Binden wollte ich mich nie. Obwohl ich schon einige Frauen hatte und zudem Vater eines Kindes bin." Rafael möchte Näheres darüber wissen. Doch der Fremde kann ihm kaum Auskunft geben. Er weiß nicht einmal, ob sein Kind ein Mädchen oder ein Junge ist. Trotz der spärlichen Informationen hört Rafael immer genauer hin. Bis er schließlich die Frage stellt: „Erinnern Sie sich noch an die Mutter des Kindes?" – „O ja, sie war gerade erst 14 Jahre alt. Eigentlich noch ein Mädchen." – „Wissen Sie noch ihren Namen?" – „Aber ja. Ruth." Rafael trifft es wie ein Blitz. Er verschwindet in sein Zimmer. Soll er sich freuen oder laut schreien? Diesen Fremden umarmen oder auf ihn einschlagen? Das kann doch nicht wahr sein!

Nach einer Weile zieht er seinen Personalausweis heraus und geht damit zu dem Fremden. Dort steht es schwarz auf weiß: Ferreira de Brito, der Nachname seiner Mutter Ruth. Der Mann starrt Rafael entsetzt an. Dann beginnt er zu weinen. Er steht unter Schock. Aus Rafael sprudelt der Schmerz von 18 Jahren heraus: „Ich habe immer darauf gewartet, einmal mit dir Ball zu spielen, einen Papa zu haben, der mich zum Essen einlädt, mit dem ich raufen kann und der mir zuhört. Aber du warst nie da!" Seine Gefühle schwanken zwischen Aggression, Wut und der Freude, seinen Vater gefunden zu haben. Schließlich umarmt er ihn und versichert ihm: „Von jetzt an werde ich dich nie mehr aus den Augen lassen."

Drei Jahre später ist es so weit, dass auch Rafaels Mutter sich mit seinem Vater trifft. Sie schleudert ihm alles entgegen, was er ihr an Leid angetan hat. Er hört ihr ruhig zu und antwortet nur: „Du hast recht!" Diese Demut gibt der verletzten Frau die Kraft zu verzeihen: „Wenn du einmal stirbst, sollst du wissen, dass ich dir vergeben habe!"

Am 13. Mai 2012, dem Fest „Unserer Lieben Frau von Fatima", stirbt Rafaels Vater an einem geplatzten Magengeschwür. Seine letzten Worte sind: „Wo ist Rafael? Ich muss ihn sehen. Sagt meinem Sohn, dass ich ihn lieb habe."

Am Ende desselben Jahres bekommt Rafael einen Anruf, dass sein Großonkel Paolo, der Rafaels Mutter einst zur Abtreibung zwingen wollte, einen Schlaganfall erlitten hat und schon seit Monaten von Mama Ruth gepflegt wird. Da sich sein Gesundheitszustand verschlechtert hat, liegt er nun im Krankenhaus auf der Intensivstation im Koma. Alle Verwandten haben ihn besucht und sich von ihm verabschiedet. Nur Rafael nicht. Aus Liebe zu seiner Mutter überwindet er sich zu dieser Reise und findet seinen sterbenden Großonkel ohne Bewusstsein vor. „Ich weiß, dass du nicht antworten kannst, aber du wirst mich hören. Ich möchte dir sagen, dass ich dir verzeihe. Sicher gibt es vieles, worum du um Verzeihung zu bitten hast. Aber hab keine Angst, zu Jesus zu gehen. Du wirst in ihm keinen erbosten Richter antreffen." Dann tauft Rafael seinen Großonkel. Zehn Minuten nachdem er das Zimmer verlassen hat, stirbt der Schwerkranke. Er, der seinem Großneffen das Leben auf dieser Erde verweigern und ihn töten wollte, bekommt ausgerechnet durch ihn die Möglichkeit, das ewige Leben zu erlangen.

Am 4. August 2013 heiratet Rafael seine Lebensgefährtin Lilian in Brasilien. Heute leben sie zusammen mit ihrem Sohn Daniel auf Sardinien. In der Nähe von Cagliari haben sie ein „Haus der Gemeinschaft" eröffnet, in dem junge Männer mit Schwierigkeiten wie Drogensucht, Depression oder Alkoholabhängigkeit aufgenommen werden. Gemeinsam mit ihnen geht das Ehepaar einen Weg der inneren und äußeren Heilung durch Gebet, Arbeit und brüderliches Miteinander.

Rafael, der nebenbei an einer Dissertation in Theologie arbeitet, organisiert weiterhin Gebetstreffen und gibt auf vielseitige Weise die Barmherzigkeit Gottes, die er selbst erfahren hat, an andere weiter.

Das Brot des Lebens

Youssef Fadelle, ehemals Mohammed alSayyid al-Moussa-oui, aus Bagdad, stammt in direkter Linie vom Propheten Mohammed ab. Sein Vater Fadel-Ali besitzt große Länderei-en und gehört als Schiit zu den Reichsten des Landes. Schon lange hat er seinen Sohn Mohammed zu seinem Nachfolger auserwählt. Als der Pflichtmilitärdienst nicht mehr hinaus-zuzögern ist, beruhigt ihn sein Vater: „Du machst dir ein Bild von der Lage und erstattest mir Bericht. Wenn in der Region gekämpft wird, sorge ich dafür, dass du freigestellt wirst."

So verlässt der 23-Jährige Anfang 1987 seine Familie. In der Kaserne von Basra im Südirak ist sein Zimmerkollege ein 44-jähriger Landwirt – ein bekennender Christ. Auch wenn sich Mohammed nicht zu den strenggläubigen Moslems zählt, liest er doch treu den Koran. Seit frühester Kindheit weiß er, dass die Christen Ungläubige und Ketzer sind, die drei Götter anbeten. Doch Massoud scheint diesen Vorstel-lungen so gar nicht zu entsprechen. Trotzdem liegt es für Mohammed klar auf der Hand, dass dieses Zusammentreffen von Allah gefügt sein muss, damit er den Christen zum Islam bekehren kann.

Eines Tages entdeckt er auf dem Regalbrett seines Zim-mernachbarn ein Buch mit dem Titel „Die Wunder Jesu". Er hat nie etwas über Wunder gehört, geschweige denn über diesen Jesus. Interessiert beginnt er die Geschichte von der „Hochzeit in Kana" zu lesen. Er ist von dem Wundertäter fasziniert. Am nächsten Morgen fragt er Massoud: „Wer ist dieser Jesus in deinem Buch?" – „Das ist Isa ibn Maryam, Isa, der Sohn Mariens. 600 Jahre war er Jesus. Dann kam der Islam und machte Isa aus ihm", ist die kurze Antwort. „Sag mal, haben die Christen ein Buch wie den Koran?", bohrt

Mohammed weiter. Auf die bejahende Antwort hin will er unbedingt dieses Buch lesen, nicht zuletzt, um Massoud zu helfen, den unbestreitbaren Wert des Islams anzuerkennen. Darauf erhält er eine unerwartete Gegenfrage: „Hast du den Koran gelesen? Wirklich gelesen? Und den Sinn jedes Verses verstanden?" Diese Frage bringt Mohammed aus dem Konzept, denn sein Gegenüber hat seinen wunden Punkt berührt. Die Imame hatten immer behauptet, es komme nur auf die Lektüre an. Dann werde man am Tag des Gerichtes seinen Lohn erhalten. Dabei sei es keineswegs notwendig, den Text zu verstehen. Das solle man lieber den Klerikern überlassen. „Wenn du willst, dass ich dir das Evangelium bringe, dann lies zuvor noch einmal den Koran. Versuche ihn wirklich mit deinem Verstand zu begreifen, ohne dich dabei zu betrügen", beendet Massoud seinen Einwand.

Bei dem ersten Heimaturlaub studiert Mohammed den Koran. Dabei fragt er sich, warum sich Allah dazu herablässt, Regeln für Erbangelegenheiten und Verspätungen zu klären. Warum der Koran mit solcher Hartnäckigkeit die Überlegenheit und Macht der Männer über die Frauen betont. Er bittet einen befreundeten Scheich, Ali Ayata, einen Islamexperten, um ein Erklärung. Dieser kann ihm jedoch keine überzeugenden Antworten geben. Noch mehr enttäuscht ihn das Studium des Lebens von Mohammed. Wie kann der Prophet ein siebenjähriges Mädchen heiraten und seine eigene Schwiegertochter zur siebten Ehefrau machen? „Das Verhalten und das Leben des Propheten wurden für mich zu einer Quelle der Scham", bekennt Mohammed in seiner Autobiografie. „In den darauffolgenden Wochen war ich zunehmend niedergeschlagen. Nach und nach zerbröckelten die Fundamente und heiligen Dinge des Islams, die bisher meine Zuflucht gewesen waren. Ich war nicht einmal mehr sicher, dass es wirklich Allahs Wort war. Aber worauf sollte ich mein Leben gründen, wenn mir der Stützpfeiler des Islams abhandenkam? Ich klammerte mich an den Gedanken, dass der Koran arrangiert und überarbeitet worden ist."

Nach drei, vier Monaten des Nachdenkens muss Mohammed schließlich mit Bitterkeit eingestehen, dass sein Glaube durch seine intensive Beschäftigung mit dem Koran erheblich erschüttert ist. Damit fehlt ihm jegliche Motivation, Massoud zum Islam zu bekehren.

An einem Maimorgen 1987 erwacht Mohammed anders als sonst. Sein Gemüt ist außerordentlich heiter. Die Ursache ist ein wundersamer Traum in der vergangenen Nacht. „Ich stand am Ufer eines Baches. Auf der anderen Seite stand jemand. So um die vierzig. Eher groß. Bekleidet mit einem beigefarbenen Gewand, nach orientalischer Art aus einem Stück gewebt und ohne Kragen. Ich fühlte, wie mich irgendetwas an diesem Mann unwiderstehlich anzog. Ich musste den Bach überqueren, um zu ihm zu gelangen. Doch als ich durch den Bach waten wollte, wurde ich plötzlich hochgehoben und hing einige Minuten lang, die mir wie eine Ewigkeit vorkamen, in der Luft. Als hätte er mein wachsendes Unbehagen gespürt, streckte der Mann mir seine Hand entgegen, um mir über den Bach zu helfen. Er war so schön, dass es mir den Atem verschlug. Der Mann sah mich mit unendlicher Zärtlichkeit an und sprach mit beruhigender und einladender Stimme einen einzigen rätselhaften Satz: ‚Um den Bach zu überqueren, musst du das Brot des Lebens essen.'"

Am gleichen Morgen ist Massoud aus dem Urlaub zurückgekehrt. Er begrüßt Mohammed mit seinem ruhigen Lächeln. Dann hält er ihm ein Buch entgegen: „Da, das Evangelium." Endlich, nach langen fünf Monaten, öffnet Mohammed das Buch, das Evangelium nach Johannes. Er beginnt zu lesen und vergisst die Zeit. Als er beim sechsten Kapitel angelangt ist, gerät sein Innerstes in Aufruhr. „Da stehen die gleichen Worte, die ich erst wenige Stunden zuvor in meinem Traum gehört hatte: ‚Ich bin das Brot des Lebens; wer zu mir kommt, wird nie mehr hungern.' In diesem Augenblick geschah in mir etwas Außergewöhnliches. Etwas wurde in mich eingegossen, das alles mit sich riss. Dazu ein warmes Glücksgefühl, als hätte schlagartig ein neues Licht mein ganzes Leben erhellt und ihm Sinn gegeben. Ich fühlte mich wie ein Betrunkener und spürte gleichzeitig in meinem Herzen eine unerhörte Kraft, eine heftige Leidenschaft oder sogar Liebe zu diesem Jesus Christus, von dem die Evangelien erzählen. Im selben Augenblick begriff ich, dass mein Traum in der vorigen Nacht mehr war als ein Traum."

Von diesem Zeitpunkt an hat Mohammed nur noch einen Gedanken: ein Sehnen, von dem „Brot des Lebens" essen zu können. Auch wenn er nicht genau weiß, was das eigentlich ist. Als er Massoud voller Freude davon erzählt, wird dieser leichenblass: „Man kann in diesem Land nicht einfach so die Religion wechseln. Das steht unter Todesstrafe! Du musst mir schwören, dass du deiner Familie nichts von alledem erzählst. Niemals!"

Die verbleibenden vier Monate in der Kaserne bleiben für Mohammed unvergesslich. Massoud lehrt den Neubekehrten das Beten und die Meditation. Stundenlang verharrt

Mohammed in vertrauter Zwiesprache mit Jesus. Doch wie soll es weitergehen, wenn die Militärzeit abgelaufen ist? Er möchte unbedingt getauft werden; denn nur so kann er das „Brot des Lebens" empfangen, nach dem er sich mehr als nach allem anderen auf dieser Welt sehnt.

Zurück in Bagdad sucht Mohammed katholische Kirchen auf und bittet um die Taufe. Doch die Christen wissen um die Gefahr, einem Moslem zur Konversion zu verhelfen, und lehnen ab. Erst nach vielen Enttäuschungen findet der Suchende einen weisen, geistigen Vater: Abuna Gabriel, einen Schweizer, der seit vierzig Jahren im Irak lebt.

Mohammeds Vater hat inzwischen seinem Sohn eine Frau ausgesucht. Ablehnung ist ausgeschlossen. Die Ehre der Familie steht auf dem Spiel. Am Hochzeitstag sieht Mohammed seine Braut Anouar zum ersten Mal. Bald wird ihr Sohn Azhar geboren. Da Mohammed ziemlich häufig allein weggeht, um Abuna Gabriel zu treffen, verdächtigt ihn seine Frau der Untreue. Als sie ihn eines Tages wegen seiner rätselhaften Ausflüge zur Rede stellt, gesteht er ihr alles. Völlig vor den Kopf gestoßen, kehrt sie fluchtartig zu ihrer Mutter zurück, ist aber nicht in der Lage, ihn zu verraten. Erstmals stellt sich Vertrauen zwischen den beiden ein. Mohammed spricht ganz offen über seinen Glauben und seine Liebe zu Jesus. Dabei schlägt er ihr vor, sowohl den Koran wie das Evangelium mit Verstand zu lesen.

Sechs Monate braucht Anouar, um sich innerlich vom Koran und damit von ihrer Familie zu lösen. Wenn sie ihrem Mann zuhört, brennt ihr Herz. „Wenn du über Jesus sprichst, klingt es für mich, als ob du ihm persönlich begegnet bist." Eines Abends bekennt sie ihm mit leiser Stimme:

„Mohammed, ich habe mich für Christus entschieden!" Von nun an haben sie ein gemeinsames Ziel: getauft zu werden, um das „Brot des Lebens" empfangen zu können.

Zehn Jahre lang kann Mohammed vor seinem Vater und seinen Brüdern verbergen, was tief in seinem Innern vor sich geht. Doch an diesem Abend im Juni 1997 liegt etwas in der Luft. Mohammed und Anouar kommen gerade von Abuna Gabriel zurück. Das Hausmädchen berichtet, dass ein Bruder Mohammeds vorbeigekommen sei und mit ihrem Sohn Azhar gespielt habe. Als er seinen Neffen gefragt habe, wohin sie denn sonntags immer gingen, hätte das Kind strahlend das Kreuzzeichen gemacht und damit verraten, dass sie Christen seien.

In dieser Nacht kann Mohammed kaum Schlaf finden. Noch vor dem Morgengrauen wird er von Schlägen an die Tür geweckt. Einer seiner Brüder ruft ihn in einer wichtigen Angelegenheit zu seinem Vater. Hastig eilt er in das Elternhaus. Kaum hat er die Schwelle überschritten, wird er brutal zusammengeschlagen. Man bindet ihm die Hände mit Handschellen auf den Rücken und legt seine Füße in Ketten. Fassungslos erkennt Mohammed seine Brüder, seinen Onkel und seine Cousins, unter ihnen einer, der beim Geheimdienst arbeitet. Sie haben Revolver und Maschinenpistolen auf ihn gerichtet, als plötzlich sein Vater eintritt. Flehentlich blickt Mohammed ihn an: „Vater, was geschieht mit mir? Warum das?" – „Du bist Christ. Du bist vollkommen wahnsinnig! Ist dir klar, welche Schande du über mich bringst? Über mich, deinen Vater?" Selbst die eigene Mutter, die nun auch hereinkommt, schleudert ihm die Worte ins Gesicht: „Tötet ihn!" Plötzlich wird Mohammed gepackt und in den Kofferraum eines Autos gesteckt. „Ich werde jetzt sterben, ohne getauft zu sein", ist der einzige Gedanke, der ihn quält.

Kurze Zeit später steht er vor der höchsten schiitischen Autorität im Irak, Ayatollah Muhammad as-Sadr. Nach einem langen Verhör verkündet der Ayatollah den Richterspruch: „Wenn er bekennt, dass er ein Christ ist, muss er getötet werden. Allah wird denjenigen belohnen, der dieses Gerichtsurteil vollstreckt." Zwei Stunden später befindet sich Mohammed in dem schrecklichsten Gefängnis Bagdads. Er bekommt die Nummer 318 und wird in eine kleine Zelle gesteckt, in der bereits 16 Häftlinge zusammengepfercht auf dem Boden sitzen. Dann beginnen die Verhöre mit Schlägen und Quälereien. „Wer war der erste Christ, der es gewagt hat, dich anzusprechen? Wenn du es uns sagst, bist du für uns nur noch ein Zeuge und kein Angeklagter mehr. Rede!" In diesen Momenten erinnert sich Mohammed an die Worte Abuna Gabriels: „Wenn du um die Taufe bittest, riskierst du dein eigenes Leben, aber auch das der Christen, die dir deine Bitte erfüllt haben." Er atmet tief durch und antwortet: „Ich kenne keine Kirche und keinen Christen." Faustschläge, Ohrfeigen und Fußtritte prasseln auf ihn nieder, bis er unter der Gewalt zusammenbricht.

Drei Monate findet diese brutale Befragung fast täglich in derselben Weise statt. „Wenn ich aufrecht die wenigen Stockwerke hinabging, flehte ich zum Heiligen Geist um Kraft, wohl wissend, dass ich den Rückweg nur auf allen Vieren würde zurücklegen können. Das Einzige, was mir half, waren die Biografien der christlichen Märtyrer, die ich nach meiner Bekehrung gelesen hatte. Es gibt einen Preis, den man zahlen muss. Und was mich betrifft, ist dieser Preis nicht gerade gering. In meinen Gebeten kehrten einige Sätze aus dem Evangelium immer wieder: ‚Ihr werdet um meines Namens willen von allen gehasst werden' (Lukas 21,17). Diese Sätze gaben mir Halt und die Kraft, standhaft zu bleiben."

Als die Befragungen aufhören, beginnt eine neue grausame Qual: Isolation, Hunger und Schmutz. „Die einzige wahre Freiheit, die mir noch blieb, war die der inneren Zwiesprache mit Jesus. So erlebte ich eine Vertrautheit mit ihm, die ich andernfalls vielleicht niemals kennengelernt hätte. Ich stellte mir vor, dass ich auf einem Weg der Gesundung bin und von jener Krankheit genese, die darin besteht, Christus nicht zu kennen. Meine Haft gab mir meine spirituelle Gesundheit zurück und Tugenden, die mir bisher nichts bedeutet hatten: Frieden und Sanftmut."

Infolge der miserablen hygienischen Verhältnisse verschlechtert sich sein physischer Gesundheitszustand zusehends. Nach sechzehnmonatiger Gefangenschaft ist Mohammed mit seiner körperlichen Kraft am Ende. Eines Tages, als er einen flehentlichen Schrei an Jesus gerichtet hat, ruft ein Wärter: „Nummer 318!" Dabei reicht er ihm seine eigene Kleidung mit der Bemerkung: „Du bist frei!" Wieder in Freiheit, befindet sich Mohammed in einem schrecklichen Dilemma: Soll er zu seinem Clan zurückkehren? Zu jenen, die ihm nach dem Leben trachteten? Oder ist es besser, irgendwo im Untergrund zu verschwinden und dort verborgen sein Christsein zu leben? Die Sehnsucht, seine Familie wiederzusehen, siegt. Aber wird sie ihn, der einst 120 kg wog und jetzt nur noch Haut und Knochen ist, überhaupt wiedererkennen?

Die Begrüßungsszene ist unbeschreiblich. Solche Freude auf beiden Seiten! Überraschenderweise empfangen ihn auch die Brüder und sein Vater mit einem großen, mehrere Tage dauernden Fest. Zunächst versteht er rein gar nichts, bis er sich aus den Gesprächsfetzen die offizielle Geschichte zusammenreimt: Sie hatten ihn ins Gefängnis bringen lassen in der Hoffnung, dass er die Namen der Christen verraten würde, die für seine Konversion verantwortlich waren. Jetzt, da der „verlorene Sohn" endlich wieder zurück ist, muss seine Kehrtwendung zum Christentum geheim gehalten werden. Zumindest vor den Leuten. Deshalb dieses Theater! Traurig erkennt Mohammed, dass für seine Familie letztlich nur die Ehre zählt. Fortan wird er unter Kuratel gestellt. Ein Bruder und eine Schwester ziehen bei ihnen ein. Jede wichtige Ausgabe muss von seinem Vater genehmigt werden. Anouar klärt ihren Mann darüber auf, dass ihr seine Familie nach seiner Verhaftung alles Geld abgenommen hat.

Es beginnt eine sehr schwere Zeit für die Familie. In ihren Herzen brennt wie nie zuvor der Wunsch, getauft zu werden, um endlich das „Brot des Lebens" empfangen zu dürfen. Unter äußerster Geheimhaltung kommt es zu einem Treffen mit Abuna Gabriel. Sie beten und überlegen, wie ihre Zukunft aussehen könne. „Im Namen der Kirche befehle ich dir, den Irak vorsichtshalber zu verlassen. Alles andere bedeutet den Tod für euch und gewaltige Schwierigkeiten für die christliche Gemeinde", ist nach langem Abwägen die schockierende Antwort des weisen Priesters. Alles verlassen? Wirklich alles? Die familiären Bindungen, den Wohlstand, die eigene Kultur und Lebensweise?

Die erste Etappe der Flucht soll Jordanien sein. Die Vorbereitungen, die völlig geheim erfolgen müssen, dauern vier Monate. Dann erfährt Mohammed, dass über ihn ein Reiseverbot verhängt worden ist. Nur gegen eine hohe Bestechungssumme erhält er das notwendige Dokument – versehen allerdings mit einem dubiosen Vermerk.

Am 19. April 2000 verlässt Mohammed mit seiner Familie Bagdad in Richtung Jordanien. Es grenzt an ein Wunder, dass sie die Grenze des Irak unbehelligt passieren können. Abuna Gabriel hat ihnen die Adresse eines Frauenklosters in Amman mitgegeben. Dort sollen sie sich an Schwester Maryam wenden. Diese außergewöhnliche Ordensfrau setzt nun alles in Bewegung, um eine Unterkunft und Papiere für die Flüchtlinge zu besorgen.

Mohammed wendet sich an den zuständigen Bischof und bittet um die Taufe. Monsignore Rabah selbst erteilt ihnen den Taufunterricht. Am 22. Juli 2000 wird die ganze Familie getauft – aus Sicherheitsgründen in einer großen Klosterkirche in Amman und ohne Beisein des Bischofs und Schwester Maryam. Nach der Taufe empfängt die Familie zum ersten Mal tief bewegt das ersehnte „Brot des Lebens". Ganze dreizehn Jahre musste Mohammed auf diesen Augenblick warten. Für Mohammed, der von nun an Youssef Fadelle heißt, und seine Frau Anouar-Marie beginnt ein neues Leben. „Endlich hatte ich den Fluss durchschritten und war zu jenem Mann gelangt, der mich damals im Traum zu sich gerufen hatte."

Bischof Rabah findet für Youssef eine Arbeit beim Bau einer Kirche. Mit großer Freude übernimmt er noch zusätzlich den Dienst des Küsters. Schwester Maryam ist unterdessen damit beschäftigt, Ausreisevisa für die Neugetauften zu organisieren, da auf Dauer ein Leben in Jordanien für sie zu gefährlich ist. Doch die Anträge und Verhandlungen ziehen sich über Monate hin. Es kommt zu einem Treffen mit einem

Vertreter des UNHCR. Dieser ist Moslem. So wagt es Youssef Fadelle nicht, ihm seine Geschichte zu erzählen. Hat er doch gehört, dass Flüchtlinge nach Kontaktaufnahme mit UNHCR-Vertretern verhaftet worden sind. Bei einem neuerlichen Treffen legt jedoch seine Frau die Karten offen auf den Tisch. Sie erzählt auch von der Konversion und dem Gefängnis. Einige Wochen später erhält Youssef die Mitteilung, dass zwar seine Frau und die Kinder ein Visum für Frankreich bekämen, nicht aber er. Er hätte während des Krieges im Norden an der Zerstörung von Kirchen mitgewirkt. Eine glatte Lüge. Unter dieser Bedingung lehnt auch Anouar-Marie das Visum ab – für Youssef der größte Liebesbeweis.

Weihnachten steht vor der Tür. Youssef will als guter Vater für seine Kinder ein Geschenk besorgen, auch wenn er dafür das Haus verlassen und ins Stadtzentrum gehen muss. Es ist früher Nachmittag. Nach dem erfolgreichen Einkauf will er gerade in ein Taxi steigen, als jemand ihn beim Namen ruft. Arglos nähert er sich dem Auto, aus dem die Stimme kommt. Da bleibt ihm fast das Herz stehen. Dort sitzen vier seiner Brüder und sein Onkel Karim. Sie steigen aus, bilden einen Kreis um ihn und stoßen ihn mit den Worten ins Auto: „Komm mit, wir müssen reden!" Außerhalb der Stadt halten sie an. Drei Stunden lang redet einer nach dem anderen auf Youssef ein, er solle mit ihnen zurückkehren und endlich das Christentum zurücklassen. Als sein Onkel nervlich am Ende ist, zieht er einen Revolver und richtet ihn auf seinen Neffen. Vielleicht kann er ihn so überzeugen. Hinter ihm stehen seine vier Brüder und blicken ihn herausfordernd an: „Wenn du nicht freiwillig mit uns kommst, töten wir dich. Du weißt, dass es eine Fatwa, einen Gerichtsbeschluss gegen dich gibt."

Ein Wort gibt das andere. Plötzlich – ein ohrenbetäuben-
der Knall. Die Kugel geht daneben. „Wie um alles in der Welt
konnte Karim danebenschießen? In meinem Inneren hörte
ich eine Frauenstimme: ‚Ehrouh!, Flieh!‘ Wie von Sinnen lief
ich los. Die Kugeln pfiffen um meine Ohren. Doch eine traf
mich in den Unterschenkel. Ich stürzte zu Boden und spürte,
wie etwas Heißes über mein Bein lief. Dann verlor ich das Bewusstsein. Als ich erwachte, befand ich mich in einem Krankenhaus. Wer mich dorthin gebracht hat, weiß ich nicht.“

Da Youssef illegal im Land ist, verweigert ihm das Krankenhaus Aufnahme und Behandlung. Wieder ist es Schwester Maryam, die wie ein Engel auch diesen Knoten löst und
die Ärzte umstimmt. Die Wunde im Bein ist tief. Die Ärzte
sprechen von Amputation. Während Youssef versucht, diesen Gedanken zu verarbeiten, geschieht etwas Eigenartiges:
Blut tritt aus der anderen Seite seines Beines aus. Das Projek-
til, das zuvor in der Wade gesteckt hat, ist nicht mehr zu finden. Die Röntgenaufnahme zeigt, dass die Kugel weder den
Knochen noch einen Muskel getroffen hat. Es grenzt an ein
Wunder.

Nun ist es offensichtlich: Youssef kann dem Rachedurst
seines Clans auch in Jordanien nicht entfliehen. Also muss
seine Familie ihre bisherige Bleibe verlassen und erneut un-
tertauchen. Wieder beginnen mühselige und nervenaufrei-
bende Versuche, Visa für eine Ausreise zu besorgen. Nicht
zuletzt wegen des Mordanschlags erklärt sich Frankreich
schließlich bereit, der ganzen Familie ein Visum auszustellen, vorausgesetzt, Youssef könne jemanden in Frankreich
nennen, der bereit wäre, sie aufzunehmen. Als auch das
mithilfe von Schwester Maryam geregelt ist, erfährt er, dass

ihre Namen an der Grenze registriert sind und sie von der jordanischen Polizei gesucht werden. Die französische Botschaft interveniert beim König. Der verspricht, dass zwei Beamte des Geheimdienstes am Flughafen sein würden, um sie im Falle von Schwierigkeiten zu beschützen.

Am 15. August 2001 ist es endlich so weit. Am frühen Morgen dürfen sie noch bei Bischof Rabah die Eucharistie mitfeiern und seinen Segen empfangen. „Wieder einmal hat das ‚Brot des Lebens' meinem Herzen Frieden geschenkt", erinnert sich Youssef, der erneut beginnen muss, seiner Familie eine Heimat zu schaffen. Und das in einem Land, dessen Kultur und Sprache ihm völlig fremd sind. „Wir werden es schaffen, weil Jesus uns mehr bedeutet, als alles andere in der Welt. Doch von allen Kämpfen, die ich bisher geführt habe, ist der Kampf gegen die Bitterkeit darüber, dass meine eigene Familie die Ursache all meines Unglücks ist, der schwerste. Trotzdem erwartet Jesus von mir, dass ich vergebe. Ich bete darum, dass auch dies mit seiner Hilfe möglich sein wird."

In einem Interview mit der französischen Zeitschrift „L'Homme Nouveau" sagt Youssef Fadelle: „Die Muslime gehören zu meiner Familie. Deshalb liebe ich sie zutiefst. Ich möchte ihnen helfen, den Koran verstehen zu lernen und nicht nur auswendig aufzusagen. Aber das muss mit dem Gebet beginnen. Ich stehe für die Wahrheit ein, die Christus ist. Diese Wahrheit tötet niemanden. Sie liebt. Sie drängt sie niemandem auf. Sie ist keineswegs intolerant. Sie fordert uns sogar auf, unsere Feinde zu lieben."

Eine junge Mutter opfert sich für ihren Sohn

Chiara Corbello Petrillos Geschichte ist eine, wie sie sich zu Tausenden ereignet. Und doch ist sie einmalig. Nicht weil sie uns daran erinnert, dass wir alle sterblich sind, sondern weil sie zeigt, dass wir glücklich sterben können.

Chiara Corbello wird 1984 in Rom geboren. Die gut situierten Eltern vermitteln aus fester Glaubensüberzeugung ihren beiden Töchtern eine lebendige Beziehung zu Gott. Mit 18 Jahren verliebt sich Chiara in Enrico Petrillo. Obwohl es Liebe auf den ersten Blick ist, gibt es in den sechs Jahren ihrer Freundschaft und Verlobungszeit auch manchmal Streit, Trennung und Tränen. Doch immer wieder finden sie zueinander zurück. Am 21. September 2008 geben sie sich in Assisi das Jawort fürs Leben. „Wir hatten uns unseren Ängsten gestellt und aufgehört, vom anderen etwas zu erwarten. Das gab uns einen unglaublichen Frieden und ein großes Vertrauen in Gottes Vorsehung, die uns mit Sicherheit auf unserem gemeinsamen Weg begleiten würde. Wir verstanden: Verheiratet zu sein ist eine wunderbare Sache, ein Abenteuer, das einem den Weg zum Himmel zeigen kann", gesteht die damals 24-jährige Chiara ihren Freunden.

Schon nach wenigen Monaten ist Chiara schwanger. Doch zeigt die erste Ultraschalluntersuchung ein erschreckendes Bild. „Ich sah mit der Ärztin, dass die Schädeldecke unseres Mädchens nicht ausgebildet war. Anenzephalie nennt man diese Fehlbildung des Gehirns. ‚Auch wenn sich das Kind perfekt bewegt, hat es keine Lebenschance', erklärte mir die Gynäkologin. ‚Gott macht nie einen Fehler!', antwortete ich spontan. Damit war eines klar: Eine Abtreibung kam nicht infrage. Ich wollte meinem Kind helfen, so gut ich nur konnte, auf keinen Fall sein Leben riskieren. Als ich das meinem

Mann Enrico sagte, umarmte er mich. ‚Sie ist unsere Tochter, und wir werden sie so nehmen, wie sie ist‘, bekräftigte er. Wir weinten viel zusammen. Dennoch war es eine wunderschöne Schwangerschaft. Wir lernten jeden einzelnen Tag schätzen. Jedes Strampeln der kleinen Maria. Durch die Krankheit des Kindes hatte ich über sieben Liter mehr Fruchtwasser als normal. Im Supermarkt sprachen uns die Leute oft an, ob wir Drillinge erwarteten. Nicht selten kam dann der für uns schmerzvolle Kommentar: ‚Hoffentlich sind sie gesund!‘ Niemand konnte in unseren Gesichtern lesen, was wir durchmachten. Trotzdem waren wir glücklich in unserem Schmerz; denn wir haben viel zusammen gebetet.“

Die Ärzte raten Chiara, ihr Kind mit Kaiserschnitt zu gebären, um das Leben der Mutter in keiner Weise in Gefahr zu bringen. Sie entscheidet sich dagegen. „Die Geburt verlief ganz natürlich, schnell und schmerzvoll“, erinnert sich Chiara. „Den Augenblick, in dem ich Maria sah, werde ich nie vergessen. Ich verstand, dass wir ein Leben lang verbunden sein würden. Wir hatten Jesus gebetet, dass sie lebend geboren wird, damit wir sie taufen können. Das war das größte Geschenk. Diese halbe Stunde bleibt unvergesslich für mich, weil sie zu den schönsten Augenblicken meines Lebens gehört. Wir tauften unsere Kleine auf den Namen Maria Grazia Letizia.“

Warum haben die beiden diesen Namen gewählt? Enrico erklärt es: „Maria nannten wir unsere Tochter, weil sie nicht uns gehört und wir sie Gott zurückschenken dürfen. Grazia sollte sie heißen, weil sie uns die Gnade geschenkt hat, zu verstehen, dass es nicht wichtig ist, wie lange ein Mensch auf dieser Erde lebt, sind wir doch für die Ewigkeit geboren. Und

Letizia, weil sie uns in den neun Monaten so viel Freude im Leiden geschenkt hat, wodurch unsere Liebe zueinander im Schmerz gewachsen ist."

Enrico und Chiara bitten den Himmel um ein weiteres Kind. Sie müssen nicht lange warten. Als Chiara erneut schwanger ist, sind die Menschen in ihrem Umfeld etwas beunruhigt, auch wenn sie es sich nicht anmerken lassen. Eher sprechen sie davon, dass jetzt endlich ein gesundes Kind kommen werde. Gerade so, als sollte man Maria Grazia Letizia ausblenden und vergessen. Als wäre sie nie da gewesen. Die zweite Ultraschalluntersuchung dauert endlos. Man hat den Eindruck, Davide habe die Beine in einem merkwürdigen Winkel angezogen. Bis sich herausstellt, dass da gar keine Beine sind. Also stellen sich die Petrillos auf ein Leben mit einem behinderten Kind ein, bis beim vierten Ultraschall deutlich wird, dass auch die Nieren fehlen und die Lunge sich nicht richtig ausbilden kann. Davide hat ein äußerst seltenes, komplexes Syndrom. Noch hat die Wissenschaft keinen Namen dafür. Auf jeden Fall wird das Kind nicht leben können. Chiaras Antwort auf diese Situation ist kurz und deutlich: ein klares Ja zu ihrem Kind. Ein Schwangerschaftsabbruch kommt auch diesmal nicht infrage.

Frau Dr. Salernitano, die Gynäkologin Chiaras, ist fassungslos: „Ich habe nie einen Menschen kennengelernt, der sich so von Gott als einem guten Vater geliebt wusste wie Chiara. Ihre Reaktion verwirrte mich, als sie mit einem Lächeln und absoluter Sicherheit auch zu diesem Kind Ja sagte." Die Ärztin ist von dem jungen Ehepaar derart beeindruckt, dass sie ihm ihre Freundschaft anbietet: „Ich bin für euch nicht mehr nur Ärztin, ich heiße Daniela. Wann immer ihr mich braucht, bin ich für euch 24 Stunden erreichbar." Andere Freunde jedoch ziehen sich immer mehr zurück. Die schwer geprüften Eltern müssen sich anhören, dass sie sicher genetische Probleme hätten oder dass persönliche Schuld mit im Spiel sei. Chiara und Enrico erleben trotz der liebevollen Unterstützung ihrer Eltern große Einsamkeit und Dunkelheit. Gerade in diesen leidvollen Stunden verstehen sie eines: „Unser Kind ist so, wie Gott es gewollt hat. Nicht es ist krank, sondern wir, wenn wir ein behindertes Kind nicht annehmen wollen."

Am 24. Juni 2010 wird Davide Giovanni geboren. 38 Minuten lebt er auf dieser Erde. Er wird vor seinem Tod getauft. Enrico bezeugt: „Durch Davide haben wir neu verstanden, was im Leben wirklich zählt: geliebt zu werden und sich lieben zu lassen. Man kann nicht sagen, dass wir diese Schwangerschaft mit Leichtigkeit durchgetragen hätten, aber mit viel Liebe und im Gebet."

Einer Freundin vertraut Chiara nach dieser Geburt ihre tiefste Erfahrung an: „Gott ist größer als das größte Unglück, das einem passieren kann. Er schenkt dir eine neue Dimension des Lebens: die Ewigkeit."

Davide lässt die Liebe der beiden zueinander noch tiefer wachsen, davon ist Enrico überzeugt: „Wenn du die Abgründe im Herzen des anderen kennst, beginnst du ihn noch viel bewusster zu lieben. Insgeheim hat auch Chiara auf einen gesunden Sohn gehofft. Doch in diesem Augenblick erkennt sie, dass allein Gott sie würde trösten können. Dass auch dieses Kind allein ihm gehört. „Ich habe aufgehört, von Gott als einem Verteiler von Schokolade zu denken." – „Mit seinem Leben von einer halben Stunde", sagt Enrico, „konnte Davide, unser kleiner Junge, der nie gesprochen hat, uns unendlich viel sagen: Er hat sich lieben lassen. Sind nicht auch wir, die wir, wenn es hochkommt, hundert Jahre auf dieser Erde leben, dafür da, uns lieben zu lassen?"

Diese Ereignisse beginnen im Leben der Petrillos wie ein Filter zu wirken. Wenige ihrer alten Freunde sind geblieben. Manchmal müssen sie sich Vorwürfe anhören, sie hätten diese Situation selbst verschuldet. Vonseiten der Familie wird auf einen Gentest gedrängt. Sie wollen das eigentlich nicht, denn für sie hat die Wissenschaft keine andere Antwort darauf, als diese: das Leben fortan nicht mehr willkommen zu heißen. Trotzdem lassen sie die Tests machen. Einer der bekanntesten Genetiker Europas bestätigt ihnen, dass die beiden Fälle absolut nichts miteinander zu tun haben. Umso mehr freut sich das Ehepaar, als Chiara wieder schwanger ist. Es wird wieder ein Junge, Francesco. Nach den Ultraschallbildern ein gesundes Kind. Überströmende Freude bei den Eltern.

Im fünften Monat ihrer Schwangerschaft zeigt sich eine Wunde auf Chiaras Zunge, die nicht verschwinden will. Die Untersuchungsergebnisse sind zunächst diffus und unklar. Doch nach einigen Kontrollen steht fest: Sie hat ein Zungenkarzinom. Der aggressive Krebs muss dringend behandelt werden. Um den kleinen Francesco nicht zu gefährden, beschließt Chiara mit der Behandlung bis nach seiner Geburt zu warten. Chiara schreibt ihrem gemeinsamen geistlichen Freund, dem Franziskanerpater Vito: „Enrico und ich überlassen alles Jesus." Selbst das Drängen der Gynäkologin, die Geburt schon im achten Monat einzuleiten, um bei Chiara endlich mit der Therapie beginnen zu können, lehnen die Eltern zum Wohle des Kindes ab.

Am 30. Mai 2011 wird Francesco, ein gesunder Junge, geboren. Chiara beginnt sofort mit den notwendigen Chemo- und Radiotherapien. Doch es ist zu spät. Im März 2012 erfährt sie, dass ihr Krebsleiden bereits im Endstadium ist. Die jungen Eltern wollen dem Himmel erneut ihre Familie anvertrauen. Mit einer Gruppe von Freunden und Verwandten fliegen sie nach Medjugorje. Chiara selbst erhofft sich kein Heilungswunder. „Ich erbitte mir nur die Kraft, in der Gnade Gottes zu leben und zu leiden." Chiaras Mutter kann ein Treffen mit dem Seher Ivan Dragicevic ermöglichen. Als Ivan, der selbst Vater von drei Kindern ist, der sterbenskranken Chiara gegenübersitzt, wird es still. Auch er weiß nicht, wie er diese junge Mutter trösten soll. Da stellt sie ihm eine Frage: „Wenn du die Möglichkeit hättest zu wählen, heute noch zur Gottesmutter zu gehen oder bei deiner Familie hier auf der Erde zu bleiben, würdest du gehen?" Ohne Zögern antwortet Ivan mit einem „Ja". Das genügt Chiara. Mit einem großen inneren Frieden kehrt sie von Medjugorje zurück. Sie ist bereit, sich in ihrem Leiden dem Willen Gottes zu ergeben. Sie erinnert sich an das Wort eines Priesters, der einmal zu ihr gesagt hat: „Es ist nicht wahr, dass Gott alle liebt. Gott liebt jeden Einzelnen. Auch dich ganz persönlich."

Durch die Radiotherapie entzünden sich Chiaras Luft- und Speiseröhre. Sie kann kaum mehr schlucken. Metastasen breiten sich in den Muskeln aus. Dadurch verliert die junge Mutter das rechte Augenlicht. Bald wird auch die Lunge befallen. Nur noch mit Mühe kann Chiara atmen. Dazu kommt eine Lungenentzündung. Um der Hitze Roms zu entfliehen, verbringt sie die letzten Monate ihres Lebens im kleinen Landhaus ihrer Familie nahe dem Meer. Enrico, Francesco,

Pater Vito und ihre Eltern sind bei ihr. Täglich feiern sie Eucharistie, halten Lobpreis und Anbetung vor dem Allerheiligsten. Ihre Freunde, die sie besuchen, kehren gestärkt und mit großer innerer Freude nach Hause zurück.

Zum ersten Geburtstag Francescos schreibt Chiara ihm einen Brief, sozusagen ihr geistiges Testament an ihn:

„Lieber Franci,
heute wirst du ein Jahr alt. Wir fragten uns, was wir dir schenken können, das die Jahre überdauert. Ich habe mich für einen Brief entschieden. Du bist ein großes Geschenk für unser Leben. Weil du uns geholfen hast, über unsere menschlichen Grenzen hinauszuwachsen. Bei dem wenigen, das ich in den vergangenen Jahren verstanden habe, kann ich nur sagen, dass die Liebe das Zentrum unseres Lebens ist. Werden wir doch durch einen Akt der Liebe geboren. Wir leben, um zu lieben und geliebt zu werden. Wir sterben, um die wahre Liebe Gottes kennenzulernen. Das Ziel unseres Lebens ist, die anderen zu lieben. Die Liebe verzehrt dich. Aber es ist schön, verzehrt zu werden wie eine Kerze. Sie erlischt erst dann, wenn sie sich ganz verzehrt hat. Was auch immer du tust, es hat nur Sinn, wenn du es im Hinblick auf das ewige Leben tust. Wenn du wirklich liebst, wirst du bemerken, dass dir nichts gehört; denn alles ist ein Geschenk. Wie der heilige Franziskus sagt: Das Gegenteil der Liebe ist das Besitzen-Wollen. Wir haben Maria und Davide geliebt. Und wir lieben dich. Aber gleichzeitig wissen wir, dass ihr uns nicht gehört. Alles, was du hast, ist ein Geschenk von Gott. Werde nie mutlos, mein Sohn! Gott nimmt dir nie etwas weg. Wenn er etwas nimmt, dann

nur, weil er dir viel mehr dafür geben möchte. Dank deiner Geschwister Maria und Davide haben wir uns in das ewige Leben verliebt. Wir wissen, dass du etwas Besonderes bist und eine große Sendung hast. Der Herr hat dich von Ewigkeit her gewollt. Er wird dir den Weg zeigen, den du gehen sollst, wenn du ihm dein Herz öffnest. Vertrau dich ihm an! Es lohnt sich.
Mama Chiara."

Als Enrico wenige Stunden vor ihrem Tod seine geliebte Frau leiden sieht, fallen ihm die Worte Jesu ein: „Mein Joch drückt nicht, und meine Last ist leicht." Da fragt er Chiara: „Schatz, ist es wirklich so, dass das Kreuz Jesu leicht ist?" Sie antwortet mit gehauchten Worten, aber mit ihrem gewohnten Lächeln: „Ja, es ist leicht. Gehe ich doch zu unseren beiden Kindern in den Himmel."

Chiara so leiden zu sehen, ist für ihren Mann eine Qual. Er versichert ihr immer wieder: „Wenn ich könnte, ich würde mein Leben für dich geben." In ihren letzten Tagen gibt sich Enrico dem Willen Gottes so hin, wie es Chiara tut: „Wenn sie zu jemandem geht, der sie mehr liebt als ich, warum sollte ich verärgert sein? Chiara hat nie das Kreuz oder das Leiden geliebt. Aber sie hat den geliebt, der am Kreuz hing: Jesus Christus. So schloss ich Frieden mit der Tatsache, dass wir nie miteinander alt werden können und dass Chiara niemals Francesco aufwachsen sehen wird."

Am Mittwoch der Karwoche im Jahr 2012 hat die Krankheit das Endstadium erreicht. Gegen Mittag zelebriert Pater Vito für Chiara die letzte heilige Messe. „Ihr seid das Salz der Erde. Ihr seid das Licht der Welt", heißt es im Evangelium.

„Bis wenige Minuten vor ihrem Tod haben wir noch gemeinsam gelacht", erinnert sich Enrico. „Auch wenn ihr Körper immer schwächer, zerbrechlicher wurde und, äußerlich gesehen, zerfiel, so ist sie für mich immer schöner geworden. Sie hat richtiggehend gestrahlt. Ich verstand, dass die Seele durch nichts zerstört werden kann. Das ist das Wesen der Liebe. Ich kann das nicht erklären. So wie man das Licht nicht erklären kann. Es gibt kein größeres Wunder, als glücklich zu sterben. Glücklich darüber, dass Gott ein gütiger Vater ist. Dass er seine Verheißungen an einem Menschen erfüllt. Wir sahen Chiara glücklich und mit einem Lächeln auf den Lippen sterben. Ich kann es kaum erwarten, sie im Himmel wiederzusehen. Unserem Sohn Francesco hinterließ sie die Worte: ‚Ich gehe in den Himmel, um mich um Maria und Davide zu kümmern. Du bleibst bei Papa. Ich werde dort für euch beten.'"

„Das Leben geht weiter", gesteht Enrico. „Ich falle und stehe wieder auf. Die Mühen des Alltags sind zahlreich. Trotz mancherlei Schwierigkeiten fühle ich mich geehrt, meinen Sohn Francesco aufziehen zu dürfen. Unser Alltag ist sehr einfach und konkret. Den heutigen Tag zum Beispiel haben wir mit Streiten angefangen. Wir waren uns nicht einig, welche Schuhe Francesco anziehen sollte. Im Kindergarten angekommen, meinte die Erzieherin nur: ‚Aber Enrico, du hast Francesco zwei verschiedene Schuhe angezogen.' Kein Wunder, nach dem dritten Paar, das wir anprobiert haben ...“

Als ein Journalist Enrico fragt, was er seinem Sohn einmal von Chiara erzählen wird, ist die spontane Antwort: „Ich werde Francesco sagen, wie schön es ist, sich von Gott lieben zu lassen. Wenn du Gott als Führer hast, dann gibt es kein

Unglück. Da du von ihm geliebt bist, vermagst du alles. Das ist das Wesentlichste im Leben: lieben und sich lieben lassen. So hat es deine Mama gemacht."

Die Geister, die er rief,
wurden zu Tyrannen

Jean-Christophe Thibaut wird in einer Familie mit einem agnostisch-atheistischen Hintergrund erzogen: Sein Vater, ein Englisch-Professor, liebäugelt mit den Marxisten. Seine Mutter, eine Malerin und Kunstlehrerin, ist Maoistin. Dennoch kommt Jean-Christophe 1960 in einer katholischen Entbindungsstation in Lille zur Welt. Schließlich befindet diese sich gleich neben seinem Elternhaus. Kurz darauf, schon am folgenden Sonntag, wird er getauft. Weil sich das einfach so gehört.

Jean-Christophe ist der Älteste von drei Geschwistern. Er hat einen Bruder und eine Schwester. Als Katechismus verpassen ihm die Eltern Marxismus-Unterricht mit Auswendiglernen. In seinem Zimmer prangt ein Poster von Che Guevara und einer Genossin mit erhobener Faust. Darunter der Slogan: „Das vereinte Volk wird nie besiegt werden."

1965 beschließen seine Eltern, zur „Scholle" zurückzukehren. Sie haben den am meisten heruntergekommenen Bauernhof in Thiérache an der Grenze zu Belgien gepachtet: kein Trinkwasser, keine Heizung. „Ich erinnere mich an eine so große Einsamkeit, dass ich anfing, Selbstgespräche zu führen", sagt Thibaut. „Die Eltern schickten mich zum Kinderpsychiater. Er empfahl Gruppenaktivitäten, um mich aus meinem Autismus herauszuholen. So kam ich zu den Wölflingen, einer Gruppe für sieben- bis elfjährige Kinder in der Pfadfinderbewegung. Auch dort war nie von Gott die Rede."

Mai 1968: Beginn der Studentenrevolution, die alles verändern soll. Neben Verbesserungen der Studienbedingungen werden politische Forderungen zur Arbeitslosigkeit, zur Konsumgesellschaft, gegen den Vietnamkrieg und zur Demokratisierung der Gesellschaft erhoben. Während seine Eltern demonstrieren und Barrikaden errichten, ist Thibaut in Bücher vertieft. Fragen nach dem Sinn des Lebens treiben ihn um: Für seine Familie ist Gott nur eine Projektion des menschlichen Unterbewusstseins und Religion bedeutet „Opium für das Volk". „Wenn also Gott nicht existiert, muss man dann nicht anderswo nach Antworten suchen?", fragt er sich. Eines Tages fällt ihm ein Buch über Radiästhesie in die Hände. „„Genial‘, dachte ich. ‚Ich mache das wie Professor Tournesol in den Tim-und-Struppi-Comic-Serien.‘ Ich bastelte mir ein Pendel und schickte meinen Bruder in den Garten. Dort sollte er Gegenstände verstecken. Und ich habe sie tatsächlich alle durch das Pendeln gefunden. Es funktionierte also!"

In der vierten Klasse der Mittelschule liest Jean-Christophe „À la recherche de Bridey Murphy". Es ist der Bericht über eine Frau, die unter Hypnose in frühere Leben zurückkehrt. „Fasziniert leihe ich das Buch einem Schulkollegen. ‚Und wenn wir das auch versuchen?‘ Wir decken uns mit Büchern ein und beginnen, einander zu hypnotisieren, indem wir Geister beschwören. Und diese antworten. Blitzartig geraten wir in diesen Sog – und zwar tief hinein. Wir sind zwischen Faszination und Angst hin und her gerissen.

Eines Tages spricht mein Freund mit der Stimme eines Erwachsenen. Ich lasse ihn die Aufzeichnung hören. Er erblasst. Die Stimme sagt: ‚Mein Name tut nichts zur Sache.‘ So unterzeichnet ‚der Böse‘, wie ich später erfahren werde. Diese ‚Meister‘ führen uns in die Magie ein. Wir ergeben uns ihrer Macht. Durch den Mund meines Freundes – mit geschlossenen Augen im dunklen Zimmer – sprechen sie die Worte, die ich vorher auf einen Zettel geschrieben hatte, der in einem verschlossenen Kuvert steckt. Hochmut steigt uns in den Kopf. Wir sind Eingeweihte, etwas Besseres. Nicht so wie die übrigen Sterblichen."

Seine Eltern nennt Jean-Christophe von nun an „Erzeuger". Dabei behandelt er sie mit Verachtung. „Der Spiritismus führt zum Hochmut oder in den Wahnsinn", erkennt Thibaut später. „Er zerstört das vernünftige Denken, bringt dich dazu, alles zu glauben, alles zu schlucken, aber auch alles zu tun."

Eines Tages, Jean-Christophe ist gerade 18 Jahre alt, verlangen die Geister, dass er mit seinen Freunden in das malerische Städtchen Sarlat fährt, das in einer von bewaldeten Hügeln umgebenen Senke des Perigord noir liegt. „Keine Widerrede. Bedingungslos sind wir gefolgt. Da wir in Cambrai wohnten, war das ja nicht gerade nebenan! Die Hin- und Rückfahrt haben wir in einem Tag erledigt. Ich musste nur den Daumen hochhalten und schon blieb ein Auto stehen, das uns mitnahm. Auf Befehl der Geister haben wir dort eine Kapelle geschändet. Die Erinnerung daran raubt mir heute noch den Schlaf."

Nach dem Abitur hätte Thibaut gern Literatur studiert. Aber die Geister wollen, dass er sich für Psychologie einschreibt. „Das ist Teil eines Planes", wird ihm erklärt. Er geht darauf ein und beginnt sein Studium an der „Charles de Gaulle Université de Lille III". An der Uni wird er Mitglied der „Revolutionären Kommunistischen Liga".

„Vom Zeitalter des Fisches traten wir in die Epoche des Wassermanns ein, so meinten wir. Der Übergang von einer Ära in die nächste geht nie ohne politische und soziale Zerstörung über die Bühne – umso enttäuschter war ich bald von der Liga. Man beschränkte sich nur darauf, Vorlesungen zu sabotieren. Die Professoren waren froh, früher heimzukommen. Die Studenten auch. Wo blieb da die alles zerstörende Brandungswelle, von der ich träumte? Mit meinem übertriebenen Eifer handelte ich mir wegen ‚Extremismus‘ den Ausschluss aus der Liga ein."

Vorher wird Jean-Christophe jedoch noch eine Mission anvertraut: „Unser Versammlungsraum lag genau gegenüber der katholischen Studenten-Seelsorgestation. Sie war uns ein Dorn im Auge. Vor allem, weil die Katholiken mehr Leute für sich gewannen als wir. Um welche loszueisen, schickten mich die Verantwortlichen der Liga auf ‚Katholikenfraß‘. Nicht mit dem Holzhammer, sondern mit der feinen Klinge: durch Unterwanderung, Diskussionen ..."

Thibaut findet rasch sein Opfer: Christoph, einen ehemaligen Schulkollegen, Wirtschaftsstudent und sehr engagiert bei den St.-Georgs-Pfadfindern. Ein bekennender Christ, der seinen Glauben nicht versteckt. „Der Bursche hatte jedoch eine Schwachstelle: Sein Vater war vor ein paar Jahren bei einem Autounfall ums Leben gekommen. Genau an diesem Punkt wollte ich ihn angreifen: ‚Du meinst, Gott ist gut, wo er doch deinen Vater sterben ließ?‘ Um noch besser an ihn heranzukommen, wurde ich selbst Mitglied bei den Pfadfindern. ‚Wenn Christoph den Glauben verliert, fällt die ganze Gruppe um. Das wird für mich ein Leckerbissen. Dieser Gott, der Mensch geworden ist: Das ist nur etwas für Vollidioten oder alte Frauen, die vor dem Sterben nach einer Versicherung Ausschau halten. Das ins Wanken zu bringen, soll für mich kein Problem sein', dachte ich.

Eines Tages schließe ich mit Christoph eine Wette ab: ‚Ich werde dir deinen Glauben abgewöhnen. Top!‘ Wir treffen uns jede Woche auf eine halbe Stunde. Ich bereite meine Argumente vor, feile an meinem Anti-Katechismus – und gehe zum Angriff über. Und jede Woche, nach dieser halben Stunde, sagt mir Christoph: ‚Schau, ich glaube immer noch!‘ Langsam geht er mir auf die Nerven. Und noch etwas geht mir auf den Wecker: das Glaubensleben bei den Pfadfinderlagern. Während der Gebetszeiten und Messen verdrücke ich mich. Aber an jenem 17. Juli 1979 – ich weiß nicht recht, warum – bleibe ich zum Abendgebet. Es ist 22.30 Uhr. Ich erinnere mich noch genau an den Gedanken, der sich mir aufdrängte: ‚Eigentlich habe ich es satt, Gefangener der Geister zu sein! Eigentlich ist es hier unter den Christen ganz nett und friedlich.‘ Und plötzlich merke ich, dass ich auf die Knie falle. Dieser kleine innere Riss in der Mauer, die mich umgibt, hat dem Heiligen Geist wohl genügt, um in mich einzubrechen. Und das mit Nachdruck: Zwei Stunden lang verharre ich so. Als ich mich erhebe, bin ich ein gläubiger Katholik. Ich glaube alles, was die Kirche verkündet, und mein Herz geht vor Freude über!

Diese Umkehr war so brutal wie bei Paulus auf dem Weg nach Damaskus. Aber das Übrige sollte noch eine Zeit dauern. Ich musste die Kirche von A bis Z entdecken. Ich konnte ja nicht einmal ein Kreuzzeichen machen. Auch galt es jetzt, mit verschiedenen spiritistischen Gewohnheiten zu brechen. Vor allem musste ich mich eindeutig von den magischen Kräften verabschieden.“

Jean-Christophe wirft alle Zauberbücher und Gegenstände, die mit esoterischen Praktiken zusammenhängen, weg. Er geht zur Beichte und erfährt diese als äußerst wirksames Mittel gegen alle unguten Bindungen. Ein Befreiungsgebet vollendet seine Freisetzung. Mit 24 feiert er seine Erstkommunion, mit 28 seine Firmung.

Er übersiedelt mit seinen Eltern nach Metz. Heimlich beginnt er ein Theologiestudium. Dabei führt er ein Doppelleben. „Wenn ich die Messe besuchte, sagte ich: ‚Ich gehe ins Kino.' Bis ich eines Tages meinen Eltern erklärte: ‚Ich bin Christ und studiere Theologie.' – ‚Das wird dir schon vergehen', reagierte mein Vater brüsk darauf, der mich wie einen Außerirdischen ansah. ‚Nein, ich habe mich für Jesus entschieden. Für immer.'"

Die Eltern lehnen es ab, sein Studium zu finanzieren. Jean-Christophe arbeitet als Betreuer in einer Schule – und studiert weiter Theologie. „Da ich die Bibel dauernd mit mir herumschleppte, fragten mich die Schüler öfter, ob ich Priester werden wolle. Meine Antwort lautete stets: ‚Nein.' Fünf oder sechs Jahre sperrte ich mich innerlich dagegen. Aber eines Tages war mir klar: Ich habe eine Berufung."

Bevor Thibaut ins Priesterseminar eintritt, erzählt er seinem Bischof, Msgr. Schmitt, von seinem Werdegang, ohne das Geringste zu verschweigen. Der Bischof nimmt ihn trotz seiner von Spiritismus belasteten Geschichte auf. Zwei Jahre später sendet sein Nachfolger, Msgr. Raffin, Jean-Christophe nach Rom, um Missions- und Islamwissenschaften sowie Religionsgeschichte zu studieren. 1992 wird er zum Priester geweiht.

„Meine Erfahrungen haben in mir die Hoffnung genährt, hier auf Erden der Hölle entrinnen zu können. Jeder Hölle. Gott ist stärker als alle unsere Gefängnisse. Das schlimmste aller Gefängnisse ist das der bösen Geister. Hätte mich Christus nicht aus diesem Sumpf geholt, wäre ich wohl im

Wahnsinn geendet. Daher treibt mich die Sorge um die jungen Leute um. Ihnen will ich den Glauben an Christus als den Befreier von allen Fesseln verkündigen."

In seinen ersten Jahren als Priester macht der Bischof von Metz Thibaut zum Studentenseelsorger. Im September 2001 bitten ihn einige junge Menschen, zusammen mit ihnen eine Gemeinschaft für die Neuevangelisation zu gründen. Das ist die Geburtsstunde der „Missionaires de l'Amour de Jésus". Als ihr Moderator hat sich Jean-Christophe der Aufgabe verschrieben, Jugendlichen, Familien und Priestern auf ihrem Weg zu Gott zu dienen.

Mit Glauben und Vertrauen
ist alles möglich

Als Jennifer Bricker geboren wird, fehlt ihr etwas, das die meisten Menschen für selbstverständlich halten: Beine. Die leiblichen Eltern geben ihre behinderte Tochter zur Adoption frei. Sharon und Gerald Bricker aus dem US-Bundesstaat Illinois nehmen das Mädchen bei sich auf und ziehen es zusammen mit ihren drei Söhnen groß. Es gibt nur eine wichtige Regel im Hause Bricker: Jennifer darf nicht die Worte „Ich kann nicht!" benutzen. Sie erzählt davon: „Meine Adoptiveltern sind gläubige Christen. Von Anfang an überschütteten sie mich mit Liebe. Ganz früh machten sie mir bewusst, dass die Behinderung nicht meine Identität ist. Dass ich keine Beine habe, war für sie immer nur ein kleines Detail – so wie ich eben dunkle Haare habe. Wenn man so aufwächst, hat man nicht das Gefühl, als wäre man seltsam. Es war nicht schlimm, keine Beine zu haben. Wenn einem nie Grenzen gesetzt werden, denkt man irgendwann, dass man alles schaffen kann. Meine Eltern brachten mir auch bei, das Leben als Herausforderung zu sehen. Ganz gleich, ob ich Softball oder Basketball spielen, Bodenturnen oder Rollerskaten versuchen wollte. Bereits mit sieben Jahren wagte ich die ersten Versuche auf dem Trampolin. Es bedurfte etwas Übung. Doch schon bald hüpfte und turnte ich wie ein gesundes Mädchen. Meine Adoptiveltern trauten mir alles zu. Sie machten mir immer wieder eines klar: ‚Gott hat dich wunderbar geschaffen. Genau so, wie du bist.'"

In der Tat stürzt sich Jennifer furchtlos in alle Sportarten. Die Brickers sagen ihr, dass sie schon herausfinden werde, wie sie die Herausforderungen meistern kann. Sie schnallen die Rollerskates einfach an ihre Hände. Und sie ermutigen Jennifer, ihre große Leidenschaft auszuüben: Akrobatik. „Ich war gut darin", sagt sie heute. „In der Highschool trat ich mit Nichtbehinderten an und gewann in meinem Staat die Meisterschaften. Dass ich zu einer Kämpfernatur geworden bin, verdanke ich nicht nur meinen Eltern, sondern auch dem Glauben an Gott. Er hat mir immer geholfen, alle Herausforderungen zu überwinden."

Nach der Schule will Jennifer hauptberuflich Artistin werden. Doch es ist von Anfang an ein Kampf. Alle haben Angst vor den Reaktionen der Menschen auf sie. Niemand will sie engagieren. Nur ihr Turnpartner glaubt an sie und fängt an, Touren für sie beide zu organisieren. Der Durchbruch kommt 2009. Sie werden ins Team der Welt-Tournee von Britney Spears aufgenommen. „Natürlich war ich schon unter Druck. Alle Welt würde uns sehen. Aber es wurde ein Erfolg", sagt Jennifer mit einem Lächeln. „Nach der Tournee fiel ich allerdings in ein Loch. Plötzlich drängte sich mir der Gedanke auf, ich sei nicht gut genug, nicht schön genug. Ich musste ständig mein Aussehen und mein Gewicht kontrollieren. Die Komplimente anderer zählten nicht mehr. Ich fühlte mich minderwertig und abgelehnt. Ich wusste nicht mehr, wie ich da rauskommen sollte."

Es ist die Zeit vor Ostern. Jennifer beschließt, zu fasten. Sie verdeckt ihren Spiegel mit einer Collage aus Fotos von Familie und Freunden und beschließt, 40 Tage lang Gott intensiv zu suchen. Das Unglaubliche geschieht: „Während der Fastenzeit realisierte ich, wie viel Freude, Leben und Fröhlichkeit aus dem Spiegel zurückkam, auch wenn es nicht immer leicht war, mich anzunehmen, so wie ich bin. Ich wusste, dass Gott dabei war, mein Herz zu verändern. Er half mir, meine Unsicherheiten zu überwinden."

Eines Tages sieht Jennifer die Olympiasiegerin Dominique Moceanu zum ersten Mal im Fernsehen. Sie wird zu ihrem großen Idol. „Als ich Dominique erblickte, hatte ich gleich so eine Verbindung zu ihr. Ich sah mich selbst in ihr. Sie war klein und ich war klein. Sie sah aus wie ich. Sie hatte diese draufgängerische Art. Genau wie ich." Was Jennifer da noch nicht ahnt: Bevor sie zur Adoption freigegeben wird, trägt sie sogar denselben Nachnamen wie Dominique. Von diesem Tag an nimmt sie ihren ganzen Mut zusammen, tritt bei Wettkämpfen an und räumt, mit ihrem großem Vorbild im Herzen, vor ihren zweibeinigen Kontrahentinnen einen Pokal nach dem anderen ab. Bald ist sie die beste Turnerin ihres Bundesstaats Illinois.

Zunehmend plagt Jennifer die Ungewissheit über ihre Herkunft. Mit 16 Jahren fragt sie das erste Mal nach, warum sie adoptiert wurde. Da erfährt sie, dass ihre Eltern Einwanderer aus Rumänien waren und kein Geld für ihre medizinische Versorgung hatten. Dass ihr Kind ohne Beine zur Welt gekommen war, machte ihnen Angst. „Aber dann sagten meine Adoptiveltern: ‚Weißt du, dass Gott das alles so gefügt hat? Wir haben lange dafür gebetet, dass du in unsere Familie kommst. Du warst unsere Gebetserhörung. Du warst unser Wunder. Wir wollten dich. Es ist gut, dass du bei uns bist.‘ Und ich musste zugeben, dass sie recht hatten."

Jetzt erfährt Jennifer von ihrer Adoptivmutter auch ihren ursprünglichen Familiennamen. Die Antwort raubt ihr den Atem: Ihr Geburtsname lautet Moceanu! Das ist mehr als ein unglaublicher Zufall. Denn auch Dominique Moceanu hat rumänische Wurzeln. „Sollte Dominique Moceanu, die Goldmedaillengewinnerin, mein größtes Idol, gleichzeitig meine Schwester sein?! Das zu realisieren, war unglaublich."

Jennifer schickt ihrer vermeintlichen Schwester einen Brief mit ihren Adoptionsunterlagen und einem Foto von sich. Als Dominique das Bild der behinderten Athletin sieht, stockt ihr der Atem: Jennifer ist ihr und ihrer jüngeren Schwester Christina wie aus dem Gesicht geschnitten! Es besteht kein Zweifel mehr: Die beiden Frauen mit dem gleichen Talent sind Geschwister. Endlich können sie einander in die Arme schließen. „Sie hat eine unglaubliche Lebenshaltung. Sie ist eine Kämpferin und hat alle Hindernisse überwunden", sagt Dominique stolz über Jennifer. „Sie schwingt durch die Lüfte, als wäre es das Leichteste auf der Welt. Jede Bewegung, jeder Sprung und jede Drehung stecken voller Kraft und Eleganz."

Seitdem sind die beiden Schwestern unzertrennlich miteinander verbunden. Ihr leiblicher Vater stirbt, bevor die Schwestern zueinanderfinden. Ihre biologische Mutter hat Jennifer nur einmal getroffen. „Ihr zu begegnen, war heftig", gibt sie zu. „Ich habe sie gefragt: ‚Hast du jemals an mich gedacht? Hast du dich je gefragt, was aus mir geworden ist?' Sie hat mir leidgetan, weil sie mich als Baby nicht einmal im Arm halten durfte."

Heute arbeitet Jennifer als Akrobatin und Motivationstrainerin. Wer könnte Menschen auch besser beibringen, die Dinge im Leben positiv zu sehen, als sie? Damit hat sie gezeigt: Man kann im Leben alles schaffen, wenn man nur daran glaubt. Auf die Frage nach dem Geheimnis ihres Erfolgs antwortet sie freimütig: „Jeden Morgen lese ich in der Bibel und bete. Das ist die Quelle meiner Kraft und meines Mutes.

Gott hat mich vor so vielen Dingen bewahrt, mir Stärke und Rückgrat gegeben. Ich möchte durch mein Leben auch anderen Mut machen, sich für die Liebe Gottes zu öffnen."

Monatelang als Schiffbrüchiger auf hoher See

Auf wackligen Beinen verlässt ein Mann mit zerzauster Mähne und Zottelbart das Boot. Seine Füße sind geschwollen. Die Haare hängen ihm wild ins Gesicht. In der Hand hält er eine Cola-Dose. Er winkt in die Kameras. Der Mann scheint überhaupt nicht überrascht zu sein, dass so viele Journalisten sich für ihn interessieren. Schließlich kann er ihnen eine Geschichte erzählen, die viel Ähnlichkeit mit „Robinson Crusoe" hat.

José Salvador Alvarenga ist Fischer und stammt eigentlich aus El Salvador. Seit 15 Jahren lebt er in Mexiko. Am 17. November 2012 ist er mit seinem sieben Meter langen Fiberglas-Boot und dem 15-jährigen Ezekiel Córdoba zum Haie-Fischen aufgebrochen. Am Vortag hat Alvarenga mit anderen Fischern eine Unmenge gefangen: Goldmakrelen, Haie, Marlins. 600 Kilo. Das bedeutet viel Geld. Auch wenn ihnen gerade mal 40 Cent von einem Fisch bleiben, der auf dem Markt in Mexico City 25 Dollar kostet. „Trotzdem kann man von einem guten Fang eine Woche lang leben", meint Alvarenga. „Und Weihnachten stand vor der Tür. Wir brauchten Kohle."

Aber für jenen 17. November ist Sturm aus dem Norden angekündigt. Der berüchtigte Norteño. José Salvador lässt sich davon nicht beeindrucken. „Wir haben schon viele Norteños erlebt. Außerdem lauern Norteños an Land. Erst über dem Meer entladen sie sich." Die Ausrüstung an Bord sind 250 Liter Benzin, 60 Liter Frischwasser, 50 Kilo Sardinen als Köder und Hunderte Fanghaken. Das Funkgerät ist nur halb geladen. Alvarenga schaut selten darauf. Zwar hat er ein GPS, es ist aber nicht wasserdicht. Er hat keinen Anker. Warum sollte er auch auf hoher See einen Anker brauchen? Nur eine Rettungsweste liegt im Boot. José Salvador gibt zu, dass er einige Fehler gemacht hat. Aber 15 Jahre ging es gut.

So fahren die beiden hinaus aufs Meer in Richtung Golf von Tehuantepec, 90 Kilometer vor der Küste. Der Wetterbericht sagt starke Böen voraus. 80 Stundenkilometer. Wenig Regen. Die Wellen erreichen schon bald drei Meter Höhe. Das Boot wird ein Spielball des Sturms. Córdoba wird seekrank. Alvarenga entscheidet: „Wir mussten zurück. Kurs Nordost. 70 Grad. Mitten in den Sturm hinein. In den stärksten Sturm, den ich je erlebt habe. Was für ein Gegner! Aber ich hatte Hoffnung. Lenkte uns mit Feingefühl. Beschleunigte. Wartete ab. Ritt auf den Wellen. Wie ein Surfer. Es war eine Achterbahnfahrt. Und das in der Nacht. Mehr Adrenalin ging nicht. Es schwappte Wasser ins Boot. Unmengen. Bald knietief. Ich schöpfte Wasser ohne Ende. Immer gerade genug, dass wir nicht untergingen. Wenn Córdoba nicht kotzte, schöpfte er mit. Dann flog er über Bord. Konnte sich gerade noch an der Bordwand festklammern. Ich zog ihn an den Haaren wieder rein.

Córdoba, fürchterlich seekrank, schrie: ‚Lass uns sterben!' Ich schrie zurück: ‚Nein, wir halten durch!' Es war nicht mehr allzu weit zum Land. Ich sah schon die Berge. Etwa 25 Kilometer entfernt. Plötzlich hustete der Motor. Er ratterte. Dann war es vorbei. Ich dachte: ‚Vielleicht ist es die Zündung? Die Treibstoffzufuhr?' Die Küste war zum Greifen nah. Ich funkte meinen Boss an. ‚Willy', rief ich, ‚der Motor ist kaputt!' Er sagte: ‚Gib mir die Koordinaten.' Ich: ‚Mein GPS funktioniert nicht.' Er: ‚Wirf Anker!' Ich: ‚Hab keinen dabei.' Er: ‚Wir suchen euch.'"

Jetzt sind Alvarenga und Córdoba mit Haut und Haaren dem Meer ausgesetzt. Ohne Motor. Sie werden hochgespült. Drei Stockwerke hoch. Und wieder heruntergeschleudert.

Sie klammern sich an die Bootswand. „Ich dachte: ‚Wir packen das nicht lang. Wir sind zu schwer.' Wir schmissen alles über Bord: 500 Kilo Fisch, 200 Liter Benzin. Ich baute einen Schleppanker aus einer Fangleine und 50 Bojen für mehr Stabilität. Er rettete uns. Das Funkgerät war tot. Ich warf es über Bord."

Die Männer werden abgetrieben. Die Seenotrettung des mexikanischen Bundesstaates Chiapas, von dessen Küste Alvarenga losgefahren ist, meldet ein Boot mit zwei Fischern als vermisst, doch die tagelange Suche nach den Verschollenen ist vergeblich.

Fünf Tage Sturm. Und dann plötzlich wird es ruhig. Gespenstisch ruhig. Eine Flaute. „Und wir am Leben. Ich blickte mich um. Ich sah den Himmel wieder. Aber es war kein Land in Sicht. Kein Schiff. Nichts. Nur die brennende Sonne. Wir verbrachten die Tage in der Kühlkiste. Unser erster Gedanke: ‚Wir werden verdursten.' Mein Hals fühlte sich trocken an. Die Speiseröhre war geschwollen. Wir tranken unser letztes Wasser. Dann irgendwann Urin. Im Urin sind viele Salze, die den Flüssigkeitsbedarf noch erhöhen. Das merkten wir auch bald. Ich fing Schildkröten. Wir tranken ihr warmes Blut. Endlich kam mal Regen. Zuerst waren es nur ein paar Tropfen. Dann wurde der immer stärker. Wir tanzten vor Freude. Sammelten das Wasser auf einer Plastikplane. Von dort füllten wir es in Flaschen und Eimer ab." In Flaschen? „Es treibt so viel auf dem Meer: Flaschen, Kanister, Tüten. Das Meer ist eine große Müllhalde. Wir fanden allerhand Kostbarkeiten. Zum Beispiel altes Küchenfett. Wir stürzten es hinunter. Ich stellte mir dabei vor: ‚Ein Hamburger! Welch eine Delikatesse!' Oder wir fanden saure Milch. Ich fantasierte: ‚Joghurt – wunderbar.'"

Das gemeinsame Schicksal macht Córdoba und Alvarenga zu Brüdern. Sie reden über ihr Leben. „Wir waren beide schlechte Söhne. Ich zudem ein schlechter Vater. Hatte mein Dorf in El Salvador vor 15 Jahren verlassen. Mich nie um meine Tochter Fatima gekümmert. Wir versprachen uns: ‚Wenn wir überleben, wollen wir bessere Menschen werden.‘ Aber Córdoba wurde immer schwächer. Er aß zu wenig. Ich fing Vögel und aß sie roh. Ihm aber wurde davon schlecht. Ich schnitt ihm das Fleisch in Stücke. Erwärmte sie auf dem von der Sonne erhitzten Motor. Steckte sie auf Fischgräten. Als Partyspieß. Erst dann aß er. Aber wir fingen nicht genug. Córdoba schrie nach seiner Mutter. Und: ‚Haie werden mich fressen.‘ Tatsächlich gab es jede Menge davon. Sie umkreisten uns. Sie spürten, dass sich da im Boot ihre Beute befand. Sie versuchten, es zu entern. Córdoba wurde immer schwächer. Irgendwann konnte er nicht mal mehr die Wasserflasche heben. Wir machten einen Deal: Wer überlebt, besucht die Mutter des anderen. Es war klar, wer überlebte. Eines Tages sagte er: ‚Ich sterbe.‘ Das war etwa nach zwei Monaten. Ich sagte zu ihm: ‚Denk nicht daran.‘ Er flehte: ‚Wasser, Wasser!‘ Ich hielt es ihm an den Mund. Er stöhnte noch. Dann wurde er steif. Es war vorbei. Ich schrie: ‚Lass mich nicht allein! Du musst leben!‘ Er hatte die Augen noch offen. Ich redete mit ihm. Ich stabilisierte ihn, damit er nicht umfiel. Ich sagte: ‚Wie geht es dir heute? Wie ist der Tod so?‘ Ich weinte stundenlang. Ich stellte mir einfach vor, er lebe weiter. Die Sonne trocknete den Leichnam aus. Ich umarmte ihn sogar. Erst nach sechs Tagen fragte ich mich: ‚Was mache ich hier?‘ Dann nahm ich ihm die Kleidung ab, zog sie an. Ich schob die Leiche ins Wasser. Ich fühlte mich schuldig. Ich hatte Córdoba ja mitgenommen.“

José Salvador Alvarenga nach seiner 13 Monate langen Odyssee

Alvarenga verbringt Tage ohne jede Nahrung. Der Hunger will ihm den Verstand rauben. „Ich wollte meine Finger abhacken. Mit der Machete. In kleine Stücke. Und sie verspeisen. Aber ich hatte Angst zu verbluten. Schließlich habe ich Finger- und Fußnägel gegessen. Ich schnitt mir die Barthaare ab, besprenkelte sie mit Salzwasser und schluckte sie als Knäuel hinunter. Oder ich zerstampfte Fischknochen zu Mehl und mischte es mit Wasser als meinen Haferbrei. Die meiste Zeit gab es Fisch. Ich fing die Fische mit bloßen Händen. Ich beugte mich über den Rand und ließ die Arme im Wasser baumeln. Irgendwann kamen sie. Am besten waren die Drückerfische, wenn sie satt waren. Dann packte ich zu, bohrte meine Fingernägel in die Schuppen. Kleinere Haie waren eher eine leichtere Beute. Ich packte sie am Rücken und warf sie ins Boot. Einmal trieb da ein toter Wal. Das war ein Festmahl. Er zog viele Seeschwalben an. Bei denen entwickelte ich eine spezielle Technik. Sie landeten gern auf meiner Kühlkiste, weil sie auf dem endlosen Pazifik eine Flugpause brauchten. Ich blieb dann bewegungslos sitzen. Irgendwann packte ich sie von unten an den Füßen. Aber sie wehrten sich, bissen und hackten." Alvarenga zeigt Arme und Hände. Sie sind voller Narben.

Wie kam der Mann mit der Einsamkeit zurecht? „Sehr schwer. Ich redete mit mir selber. Betete mehrmals am Tag. Aus Haihaut machte ich mir Mokassins. Aus Knochen Trommelstöcke. Ich hielt mir einen Freund, Pancho, eine Meerente. Fütterte ihn. Redete mit ihm: ‚Was für ein schöner Tag, Pancho.' Am Ende tötete ich ihn in meiner Hungersnot. In der Nacht drehte ich ihm den Hals um. Danach weinte ich."

Sah Alvarenga nie ein Schiff? „Doch, einige. Vor allem große Containerschiffe. Auch Handelsschiffe. Ich suchte nach jedem kleinen Hinweis den Horizont ab. Ich band mein T-Shirt an eine Holzstange. Wollte es anstecken, um mit der Rauchwolke auf mich aufmerksam zu machen. Einmal kam ein Schiff direkt auf mich zu. Ich winkte. Ich schrie. Es kam näher. 300 Meter. 200 Meter. Dann fuhr es direkt an mir vorbei. Kein Mann an Deck. Diese Monster fahren auf Autopilot. Ich wurde langsam verrückt. Ich hatte da schon zehn Mondphasen hinter mir. 300 Tage. Litt an Depressionen. War einsam. Aber sterben wollte ich nicht. Meine Mutter hat mir immer gesagt: ‚Selbstmörder kommen nicht in den Himmel.‘ Ich war nie ein gläubiger Mensch. Bin nie zur Kirche gegangen. Aber durch Córdoba hatte ich zum Glauben gefunden. Wir beteten immer zusammen.

Ich fragte: ‚Gott, was willst du noch? Was muss ich noch alles durchmachen?‘ Ich gab ihm ein Versprechen: ‚Wenn ich überlebe, werde ich ein anderer Mensch.‘ Und dann sah ich auf einmal Treibholz. Äste. Es musste Land in der Nähe sein. Ich erblickte eine Insel. Zuerst dachte ich: ‚Wahrscheinlich wieder Halluzinationen.‘ Aber sie blieb. Eine Insel mit Palmen. Ohne Menschen. Ohne Häuser. Ich sprang über Bord. Paddelte wie wild. Hatte keine Muskeln, um zu schwimmen. Wurde aber an Land gespült. Es handelte sich um Tile Islet, eine von mehr als 1000 winzigen Inseln der Marshall Islands. Ich krallte mich in den Sand. Erde. Blumen. Ich wollte gehen, aber die Kraft reichte nur für ein paar Schritte. Ich verlor das Bewusstsein.

Als ich wieder aufwachte, hörte ich Hühnergegacker. Zuerst dachte ich, ich sei tot; denn das Geräusch, das ich so lange nicht gehört hatte, ergab keinen Sinn. Langsam schleppte ich mich über die Insel. Sie war so groß wie einige Fußballfelder. Ich dachte: ,Jetzt musst du an Land überleben und auf ein Schiff warten.' Da sah ich etwas Rotes. Ein Hemd. Dann ein Haus. Ich dachte: ,Wilde? Kannibalen?' Da erblickte ich eine Frau. Ich winkte. Sie winkte zurück. Das war Emi. Und dann kam auch ihr Mann Russell. Ureinwohner. Meine erste Reaktion: Ich rief nach einem Nahrungsmittel aus meiner Heimat: ,Tortilla, Tortilla!' Sie fütterten mich mit Pfannkuchen. Ich stopfte sie mit beiden Händen in mich rein. Dann Reis und Kokosnuss. Hühner. Emi und Russell riefen nach Hilfe. Es kamen ein Polizist und eine Krankenschwester. Sie setzten mich in ein Boot und brachten mich in ein Krankenhaus. Ich litt unter Blutarmut. Die Leber war voller Parasiten wegen der roh verspeisten Vögel. Ich verbrachte elf Tage in der Klinik. Aber ich war bei Verstand. Ich war am Leben. Das Schlimmste kam danach: Medien. Diplomaten. Filmproduzenten. Ein wahrer Sturm."

Das Boot mit dem Aufdruck der Fischereigenossenschaft „Camaroneros de la Costa" wird inzwischen auf dem Ebon-Atoll an Land gezogen. Vertreter der amerikanischen Regierung auf den Marshallinseln spendieren Alvarenga eine gründliche Rasur und einen Haarschnitt. Danach sitzt er am Strand des Pazifik. Frisch rasiert und ordentlich gescheitelt. Nicht zu vergleichen mit dem langmähnigen Schiffbrüchigen vom 29. Januar 2014. Er zündet sich eine Zigarette an. Seine Hände zittern. Er atmet tief. Er wirkt unruhig. Auf die Frage nach dem Warum beginnt er zu sprechen: „Weil ich mich nicht mehr gern am Meer aufhalte. Es kommen zu viele Erinnerungen hoch: kein Trinkwasser, brennende Sonne, Haie,

Einsamkeit. Wie mein Freund verhungerte. Wie ich meine Fußnägel verspeiste, Schildkrötenblut trank."

Dreizehn Monate nach seiner Rettung erreicht José Salvador Alvarenga endlich das salvadorianische Fischernest Garita Palmera. Erwartet wird er von seinen Eltern, seiner von ihm geschiedenen Frau und seiner 14-jährigen Tochter Fatima, die er kaum wiedererkennt. „Sie ist so groß geworden", sagt José Salvador mit brechender Stimme. „Ich bin so froh, wieder mit meiner Familie zusammen zu sein. Das ist ein Geschenk Gottes."

„Ich fühle eine Mischung aus Trauer und Freude", gesteht sein Vater mit Tränen in den Augen. „Ich hatte gehört, dass mein Sohn auf See verloren gegangen war. Aber ich habe immer für ihn gebetet. Ich bin überglücklich, dass er in sein Elternhaus zurückgekehrt ist. Für mich ist es, als wäre er noch einmal geboren. Ich kann mit ihm zusammen auf dem Feld arbeiten oder als Dorfbäcker", schmiedet er Pläne. „Wir haben einen Ofen. Damit können wir neu starten." Die Mutter des Verschollenen erklärt: „Ich habe ihn lebendig in meinen Träumen gesehen. Ich bin so glücklich, dass er am Leben ist." Für seine Eltern und seine Tochter ist die Rettung ein „göttliches Wunder".

Ein Tiefseetaucher blickt nach drüben

Ian McCormack ist 1982 zur Hochzeit seines Bruders in Süd-afrika eingeladen. Auf der Heimreise nach Neuseeland legt der 26-Jährige einen Zwischenaufenthalt auf der Insel Mau-ritius ein. Dort will er seine Kontakte zu alten Bekannten auf-frischen und eine Zeitlang mit einheimischen Fischern leben. Das Wasser im Indischen Ozean ist kristallklar und eignet sich gut zum Surfen. Oft geht Ian mit den Fischern tauchen, nicht nur tagsüber, sondern auch nachts. Da kommen die Langus-ten. Mit ihren Taschenlampen blenden sie die Tiere. Dann las-sen sich diese einfach einsammeln und ins Boot werfen.

Eines Nachts zucken helle Blitze über den Himmel und erleuchten die schwarzen Sturmwolken, die sich drohend am Horizont über dem Meer auftürmen. „Unter diesen Umstän-den gehe ich keinesfalls zum Tauchen", sagt Ian zu Simon, seinem Begleiter. Simon zuckt nur die Achseln. Er will ein-fach nicht zur Kenntnis nehmen, dass ein Sturm heranzieht. Schließlich gibt Ian nach. Er will kein Spielverderber sein.

Der Teil des Riffes, das sie ansteuern, liegt neun Kilometer entfernt am anderen Ende der Bucht. Um 23 Uhr sitzen die beiden Taucher mit dem Bootsjungen im Boot und rudern auf ihr Ziel zu. Sie halten Kurs zum offenen Meer hin. Der Bootsführer bleibt an Bord. Ohne es zu merken, schwimmen Simon und Ian in verschiedene Richtungen. Da sich auch nachts für den Neuseeländer das Wasser noch sehr warm an-fühlt, trägt er nicht, wie die Fischer, einen Taucheranzug. Ian ist nur mit einer kurzärmeligen Weste und einer langen Hose bekleidet. Seine Arme sind frei. Mit der Hand, an der er ei-nen Schutzhandschuh trägt, greift Ian nach einem vermeint-lichen Tintenfisch. Doch dieses Etwas rutscht ihm einfach durch die Finger. Im nächsten Augenblick durchfährt ihn ein heftiger Schlag. Auf seinem Arm spürt er einen brennenden Schmerz. Es ist, als hätte er, barfuß auf nassem Boden stehend, mit dem Arm eine Stromleitung berührt. Ian schaut auf seinen Arm. Keine Blutspuren. Alles scheint normal zu sein, bis auf dieses deutlich spürbare, langsame Pochen.

Ian McCormack beschließt, noch ein paar Langusten zu fangen, bevor er zum Boot zurückkehrt. Obgleich ihm noch zwei dieser seltsam aussehenden durchsichtigen Dinger auffallen, die gemächlich in seine Richtung treiben, beachtet er diese nicht weiter. Peng! Da geschieht es wieder. Als er von dem erneuten Schlag zurückgeworfen wird, stellt er verwundert fest, dass es sich bei den merkwürdigen Tieren um Quallen handelt. Als Rettungsschwimmer weiß Ian, dass einige Quallen außerordentlich giftig sind.

Er taucht an die Oberfläche und schnappt nach Luft. Die Sturmwolken hängen tief. Die Umrisse des Bootes sind nicht zu erkennen. Er beginnt in Richtung Riff zu schwimmen. Plötzlich wieder ein Schlag. Bumm! Während er knapp an die Wasseroberfläche taucht und sich in Richtung Riff orientiert, richtet er den Strahl seiner Lampe nach unten. Dort sieht er zu seinem Entsetzen eine riesige Menge von Quallen. Es könnten Tausende sein! Es ist wie ein Minenfeld. Ian empfindet es als eine Ewigkeit, bis er endlich das Riff erreicht und dort wenig später auf Simon trifft. Während er aus dem Wasser steigt, sticht ihn eine weitere Qualle. Mühsam klettert er aufs Riff. Sein Arm ist zu doppelter Größe angeschwollen und voller Blasen, als hätte er sich an einer Herdplatte verbrannt. Es sieht aus, als würde sich seine Haut jeden Augenblick auflösen. Zugleich spürt er, wie das Gift allmählich seine rechte Lunge angreift.

Als Simon Ians Arm anschaut, treten ihm fast die Augen aus den Höhlen. „Wie viele waren es?", flüstert er und kann seine panische Angst nicht verbergen. Ian hält vier Finger hoch. „Ich glaube vier." – „Durchsichtige Dinger?" – „Ja." – „Wir Fischer nennen sie die ‚Unsichtbare' oder die ‚Seewespe'. Eine sehr gefährliche Art", erklärt Simon. „So eine Qualle kann ohne Weiteres einen Menschen töten. Sie ist viel gefährlicher als giftige Schlangen oder Spinnen. Manchmal reicht eine, und du bist erledigt." Simon fährt sich mit dem Zeigefinger quer über den Hals.

Da Ian seinen Arm nicht mehr bewegen kann, muss Simon ihn durch das Wasser zum Boot zurückschleppen. Auf dem Weg dorthin wird er noch einmal gestochen. Sein Begleiter hat nichts zu befürchten, da er einen Neoprenanzug mit langen Hosen und langen Ärmeln anhat. Während Ian so durchs Wasser gezogen wird, drängt sich ihm die Frage auf: „Was habe ich getan, dass ich so etwas verdient habe? Warum gerade ich?" Gleichzeitig überkommt ihn eine Flut von Erinnerungen an Dinge, die er in seinem Leben falsch gemacht hat. Dinge, die er längst vergessen hat. „Bis dahin hatte Gott für mich nicht existiert", erzählt Ian später. „Das war eher etwas für schwache Leute, die nicht richtig nachdenken. Ich glaubte an die Evolution. Vom Affen zum Menschen. Und jetzt war ich hier am Sterben. Wenn du mit dem Tod konfrontiert wirst, dann analysierst du dich plötzlich selbst. Tief drinnen. Dann verändert sich etwas in dir. Dann machst du keine Witze mehr. Du stirbst!"

Als Ian das Boot erreicht, ist bereits die rechte Seite seines Körpers gelähmt. Simon rät ihm, er solle auf den Arm urinieren. Das würde das Gift neutralisieren. Simon redet hektisch auf den Bootsjungen ein. Er soll so schnell wie möglich mit dem Verletzten an Land rudern. Als sie die Küste erreichen, bringt der Junge Ian zur Straße und lässt ihn dort einfach zurück. Er ruft etwas, das sich anhört, als ob er seinen Bruder holen wolle, der noch am Riff stehe.

Ian weiß, er muss ins Krankenhaus, das ein ganzes Stück entfernt ist. Diese Gegend ist eine der am wenigsten bevölkerten Landstriche der Insel, besonders um Mitternacht. Auf der Straße bricht er zusammen. Er kämpft darum, nicht einfach einzuschlafen. „Wenn du die Augen zumachst, wachst du nie wieder auf", hört er eine deutlich vernehmbare Stimme, die wie aus dem Nichts an sein Ohr dringt. Während er diese vernichtende Schläfrigkeit abschüttelt, durchzuckt ihn plötzlich ein Gedanke: „Wenn ich es nicht bis zum Krankenhaus schaffe und kein Gegengift bekomme, werde ich hier sterben." Ian McCormack befand sich an der Grenze zwischen Leben und Tod. „Ich hatte sehr wenig Zeit. Ich kämpfte gegen dieses Gift an. Ich wusste nicht, wer da zu mir gesprochen hatte. Aber eines wusste ich sicher: Ich musste ins Krankenhaus!"

Mühsam zieht sich Ian hoch und schleppt sich die Straße entlang. Nach ungefähr 100 Metern schöpft er eine leise Hoffnung, als er vor einem Restaurant auf einen indischen Taxifahrer trifft. „Können Sie mich zum Krankenhaus bringen?", bringt er mühsam hervor. „Wie viel zahlen Sie uns?", ist die Antwort. Verwirrt reagiert er: „Ich habe kein Geld bei mir." Der Inder weigert sich, Ian mitzunehmen. „Da hörte ich wieder diese Stimme: ‚Bettle um dein Leben!' Ich hatte noch nie in meinem Leben um etwas gebettelt. Das erlaubte mein Stolz nicht. Aber jetzt fiel ich auf meine Knie und flehte um mein Leben. Ich versprach dem Mann Geld. Nur sollte er mich mitnehmen. Schließlich ließ er sich darauf ein. Irgend-wer half mir in sein Taxi. Nach einigen Kilometern fragte der Fahrer mich: ‚In welchem Hotel wohnst du, weißer Mann?' – ‚Ich bin nicht in einem Hotel. Ich lebe mit den Fischern.' Da wurde er sehr ärgerlich. ‚Wenn du mich nicht bezahlst, dann verschwinde aus meinem Taxi!' Er war wütend. Ich versuch-te auszusteigen. Das Gift hatte bereits meine beiden Füße gelähmt. Ich konnte sie nicht mehr bewegen. Ich flehte ihn an: ‚Ich kann nicht mehr laufen. Bitte, bring mich zum Kran-kenhaus!' Da riss er die Tür auf und stieß mich aus seinem Auto. Mein Fuß blieb an der Tür hängen. Er trat heftig da-gegen, knallte dann die Tür zu und fuhr weg. ‚Ich habe keine Angst zu sterben', durchfuhr mich der Gedanke. ‚Wenn die Menschen einander so behandeln, dann will ich lieber hier krepieren. Ich habe diese Welt absolut satt!'"

In diesem Moment beugt sich ein Mann über Ian und fragt ihn: „Was ist mit dir los?" Es ist ein Mann, den er vom Sehen aus dem Dorf kennt. „Als ich das besorgte Gesicht meines Freundes sah, war mir klar: ‚Ich werde für mein Leben kämp-fen! Vielleicht schaffe ich es noch!' Ich zeigte ihm meinen Arm. Als Fischer wusste er, was mir passiert war. Er schlepp-te mich in ein nahe gelegenes Hotel. Die Besitzer – es waren Chinesen – waren mit einem Spiel beschäftigt. ‚Ich muss in ein Krankenhaus', lallte ich. Sie dachten, ich sei betrunken. ‚Es ist eine Qualle gewesen', beteuerte ich. Ich zeigte ihnen meinen Arm. Sie aber fingen an, mich auszulachen. ‚Ach, ihr dummen Weißen! Warum müsst ihr auch immer dieses He-roin nehmen? Wir nehmen alle Opium. Warum macht ihr es mit einer Spritze? Wir können dir nicht helfen!' Dann spiel-ten sie weiter und ignorierten mich einfach.

Mein Körper fing an zu zittern. Ich spürte jeden einzelnen Muskel. Meine Zähne begannen zu klappern. Ich fühlte, wie das Gift tiefer und tiefer in mich eindrang. Außerdem wurde mir sehr kalt. Ich konnte bereits den Tod in meinen Knochen spüren. Noch einmal bat ich diese Männer, mir zu helfen. ‚Bitte bringt mich mit eurem Auto ins Krankenhaus!‘ Einer der Chinesen legte seine Hand auf meine Schulter und sagte zynisch: ‚Nein, weißer Mann, wir werden mein Auto nicht nehmen. Du musst warten, bis ein Krankenwagen kommt.‘ Ich konnte richtig den Hass in seiner Stimme hören. Ich dachte mir: ‚Wie kann er es wagen, seine Hand auf meine Schulter zu legen und mich vor seinen Augen sterben zu lassen?‘ Ich wollte ihn schlagen, bevor ich sterbe. Aber mein Arm war bereits gelähmt. Ich versuchte es mit dem linken Arm. Vielleicht konnte ich seinen Kopf zu meinem Gesicht herabziehen, damit er sich wenigstens sein Leben lang an mich erinnern würde. Da hörte ich zum dritten Mal diese Stimme: ‚Tu es nicht! Das Gift ist so nah an deinem Herzen. Der Adrenalinstoß würde dich umbringen.‘ Wer war diese Stimme? Ich sagte mir: ‚Wenn ich überlebe, dann werde ich dich finden.‘“

Plötzlich taucht ein Ambulanzwagen auf. Der Mann aus dem Dorf hat inzwischen das Krankenhaus angerufen. Er trägt Ian auf seinen Armen in den Krankenwagen. „Plötzlich sah ich mein Leben wie einen Film vor mir ablaufen. Natürlich hatte ich davon schon mal irgendwo gelesen. Ich dachte mir: ‚Du bist dem Tod sehr nahe. Gibt es ein Leben nach dem Tod? Oder ist da nichts?‘ Als Atheist war ich von einer Sache überzeugt: Wenn man stirbt, kommt nichts mehr. Als ich da lag, sah ich mit einem Mal das Gesicht meiner Mutter vor mir, wie sie betete. Sie war die einzige Christin in unserer

Familie. Oft hatten wir zu ihr gesagt: ‚Mutter, du kannst für uns beten. Wenn es einen Gott gibt, wird er auf dich schon hören. Du bist so eine nette Person.' Jetzt hörte ich sie sagen: ‚Ian! Egal, was du in deinem Leben getan hast, egal, wie weit du von Gott entfernt bist: Wenn du aus deinem Herzen zu ihm rufst, wird er dich erhören. Gott wird dir vergeben, mein Sohn!'

Ich wusste nicht, dass auf der anderen Seite der Erdkugel Gott meiner Mutter gezeigt hatte, dass ich im Sterben lag. Und Gott hatte zu ihr gesprochen: ‚Bete für deinen Sohn! Jetzt! In der Mitte der Nacht.' Die Stimme meiner Mutter berührte mich zutiefst. Ich dachte: ‚Wenn es doch einen Gott gibt? Wer ist der wahre Gott?' Es denkt doch jeder, dass sein Gott der richtige sei. Ich habe Tausende von Göttern gesehen. Jetzt schrie ich in meinem Innern: ‚Wenn es einen wirklichen Gott gibt, zeige mir dein Gesicht! Dann werde ich beten!' Aber kein Gesicht eines Gottes ist mir erschienen. Nur das Gesicht meiner Mutter. Aber sie ist doch nicht Gott. Konnte meine Mutter recht haben? Wie oft war ich in meinem Stolz verletzt gewesen, wenn sie wieder mal recht hatte! Meine Mutter ist eine sehr liebevolle, demütige Frau. Konnte es sein, dass sie den richtigen Gott kennt? ‚Aber wenn es ein Gott der Christen ist, habe ich ein großes Problem', dachte ich. Ich hatte den Namen Jesus verflucht. Ich hatte die Christen lächerlich gemacht. Mein Leben war mit Sex, Drugs and Rock 'n' Roll gefüllt gewesen. Nun lag ich da und dachte: ‚Was könnte ein Mann wie ich beten?' Ich kannte keine Gebete. In der Kirche musste man aus einem Buch lesen. Man stand auf, kniete sich hin. Das war wie eine Parade. Wie ein Papagei. Ständige Wiederholung. Ich sagte: ‚Gott, wenn es dich gibt, wenn du mich

Ian McCormack gibt bis heute Zeugnis von seinem „Blick in die andere Welt"

hören kannst ... Ich habe nie an dich geglaubt. Aber wenn es dich wirklich gibt, dann lehre mich zu beten. Ich weiß nicht, was man betet.' Ich fühlte mich wie ein Heuchler.

Plötzlich erschienen Worte vor meinen Augen: ‚Vergib uns unsere Sünden.' – ‚Wo soll ich da anfangen?', fragte ich mich. ‚Ich habe so viel Mist gebaut. Ich habe jetzt keine Zeit mehr, alle meine Verfehlungen aufzuzählen. Aber wenn du vergeben kannst, dann bitte, vergib mir alle meine Sünden!' Die schlimmsten Sünden zogen wie ein Film an mir vorüber. Dann erschienen neue Worte: ‚Vergib denen, die an dir gesündigt haben!' Ich dachte: ‚Das ist leicht. Ich bin kein nachtragender Mensch. Ich kann jedem vergeben. Egal, was er mir angetan hat.' Da erschien plötzlich dieser indische Taxifahrer vor meinem inneren Auge. Ich dachte: ‚Was macht der denn hier?' Die Stimme sagte: ‚Wirst du auch diesem Mann vergeben, der dich heute Nacht aus dem Taxi geworfen hat?' – ‚Nein! Das soll wohl ein Witz sein!' Ich hatte schon Rachepläne für diesen Mann geschmiedet. Ich wollte meine Hände um seinen Hals legen und ihn erwürgen. Möglichst unter Wasser. Als Nächstes sah ich das Gesicht des Hotelbesitzers, dieses Chinesen, vor mir. Ich sagte mir: ‚Was macht dieser Mann hier?' Der Mann, der seine Hand auf meine Schulter gelegt und gesagt hatte: ‚Wir werden dich nicht im Auto mitnehmen!' Die Stimme meldete sich erneut: ‚Wirst du diesem Mann vergeben, der dich im Hotel liegen ließ, um dich sterben zu lassen?' Ich sagte: ‚Nein, niemals! Warum soll ich ihm und seinen Leuten vergeben?'

Ich wunderte mich: ‚Mit wem spreche ich eigentlich? Welche Stimme ist das? Es ist nicht meine Stimme. Das sind nicht meine Gedanken!' War das Gottes Stimme? Zum ersten

Mal in meinem Leben?' Während ich so dalag, sagte ich: ‚Gott, wenn du mir vergibst, dann werde ich auch diesen Männern vergeben! Ich werde sie nicht belangen. Nur ich weiß nicht, wie du mir vergeben kannst. Es ist unmöglich! Aber wenn du es kannst, wenn du Barmherzigkeit an mir üben kannst, dann werde ich diesen Männern vergeben.' Kaum, dass ich das sagte, sah ich ihre Gesichter vor mir und es kamen neue Worte: ‚Dein Wille geschehe, wie im Himmel, so auf Erden.' Und ich sagte: ‚Dein Wille? Ich habe meinen eigenen Willen. Ich bin unabhängig. Ich bin selbst für mich verantwortlich. Und ich bin stolz darauf. Ich werde meine Knie vor niemandem beugen.' Dennoch sprach ich es aus. Als mir die Worte ‚Gottes Wille geschehe' über die Lippen kamen, musste ich mich selbst demütigen und die Führung meines Lebens Gott übergeben. Ich sagte: ‚Gott, ich kenne deinen Willen nicht. Ich bin dir nie nachgefolgt. Aber ich brauche ein Wunder! Ich liege im Sterben! Wenn du mir helfen kannst, dann werde ich dir folgen. Für den Rest meines Lebens!' Als ich dies sagte, sah ich plötzlich das ganze Vaterunser vor mir. Zum ersten Mal konnte ich diese Worte verstehen. Mir war, als würde ich wiedergeboren in diesem Krankenwagen. Ich verspürte einen erstaunlichen Frieden in meinem Herzen. Mit meinem Schöpfer und mit mir."

In der Klinik bemühen sich die Ärzte verzweifelt, Ians Leben zu retten. Eine Krankenschwester versucht vergeblich, seinen Blutdruck zu messen. „Plötzlich war es mir, als ob ich meinen Körper verlassen hätte. Ich dachte: ‚Wenn das jetzt geschieht, bin ich tot.' Ich kämpfte um mein Leben. Mein Blutdruck brach zusammen. Dann spritzen sie mir ein Gegenmittel ein. Als sie versuchten, mir eine Kanüle anzulegen, wurde meine Vene so dick wie ein Finger. Ich dachte, die Venen würden gleich platzen. Der Arzt sagte: ‚Du musst diese Müdigkeit bekämpfen. Schließe deine Augen nicht! Bleibe wach!' Ich hatte nur noch sehr wenig Kraft. Ich konnte meine Augen nicht mehr länger offen halten. Ich versuchte, mit letzter Kraft mir selbst einzureden: ‚Noch mal fünf Minuten!'

Als mir dann meine Augen von selbst zufielen, spürte ich plötzlich eine große Befreiung. Ich wusste nicht, dass die Maschinen bereits keine Signale mehr gaben, dass der Puls auf null war. Plötzlich war ich ganz wach. Es wurde dunkel. Ich dachte: ‚Warum haben die Ärzte das Licht ausgeschaltet?' Ich wusste nicht, dass sie mich für tot erklärt hatten. Ich brachte meine Hand zu meinem Gesicht. Sie ging direkt durch mein Gesicht hindurch. Als ob da nichts da wäre. Ich nahm zwei Hände. Auch sie gingen direkt wie eine unsichtbare Kraft durch meinen Kopf hindurch. Ich dachte: ‚Was geschieht hier mit mir? Bin ich gestorben? Habe ich meinen Körper verlassen?'

Dann spürte ich plötzlich etwas unglaublich Böses wie eine übernatürliche Gegenwart um mich herum. Zu meiner Linken vernahm ich eine Stimme: ‚Du hast es verdient, hier zu sein!' Ich fragte: ‚Was habe ich verdient? Wo bin ich?' – ‚Du bist jetzt in der Hölle. Halt den Mund!', war die Antwort. ‚Ich glaube nicht an die Hölle', sagte ich. Ich dachte: ‚Wenn schon Hölle, dann kannst du dort alles tun, was du hier auf der Erde versäumt hast. Die Musik wird dort besser sein als im Himmel. Wer möchte schon die ganze Zeit auf einer Harfe spielen? Wer möchte schon mit einem weißen Kleid auf einer Wolke sitzen?' Auf jeden Fall war ich komplett getrennt vom Licht. Es gab dort aber keine kleinen Dämonen mit Hörnern und Gabeln, die dich stechen, wie es Disneyland dir beibringt. Die Bibel sagt davon nichts. Sie lehrt uns nur, dass es ein Königreich des Satans gibt. Ich hatte es verdient, hier zu sein.

Da kam plötzlich ein helles Licht durch diese Dunkelheit und berührte mein Gesicht. Ich war total überwältigt. Hatte ich doch, kurz bevor ich starb, zu Jesus gesagt: ‚Wenn du mir helfen kannst, dann werde ich dir folgen. Für den Rest meines Lebens!' Ich hatte ihn zum Hirten meines Lebens erklärt, wie der Psalm 23 sagt: ‚Der Herr ist mein Hirte, mir wird nichts mangeln. Auch wenn ich durch das Tal des Todes gehen muss, ich fürchte kein Unglück.' Obwohl ich vom Bösen umgeben war, konnte das Licht Gottes in meinem Geist nicht davon berührt werden. Selbst wenn das Licht noch so klein war, das in meinem Herzen brannte. Nichts konnte mich mehr trennen von der Liebe Gottes! Weder Leben noch Tod, weder Dämonen noch dunkle Mächte. Heute danke ich Gott für seine Barmherzigkeit und seine Gnade, dass er einen Mann auch noch in dem Augenblick seines Sterbens erhört hat.

Als ich wie durch einen Tunnel zum Himmel gezogen wurde, kamen Liebe, Friede und Freude über mich. Die Frucht der Gegenwart Gottes. Ich erfahre diese Gegenwart immer noch. Du musst nicht warten, bis du stirbst. Dieser Friede ist jetzt! Wir sind Söhne und Töchter des Lichts genannt! Es gibt einen Vater des Lichts! Wir können im Licht seiner Gegenwart wandeln.

Im Himmel habe ich eine neue Erde gesehen. Unberührt. Einen Fluss, Berge, Blumen, Bäume und Vögel. Ich stand am Anfang eines unberührten Paradieses. Jesus sagt uns, dass es dort keine Krankheiten mehr gibt, keinen Tod, keine Träne.

Nur ewiges Leben. Ich wusste: Ich bin nach Hause gekommen. Und ich dachte mir: ‚Warum war ich auf diesem miserablen Planeten Erde? Warum bin ich nicht gleich hierhergekommen? Das ist die wahre Heimat.‘ Jeder Teil von mir war begeistert, dass ich endlich angekommen war. Ich war um die Welt gereist, um das Paradies zu finden. In jedem Land, in das ich kam, sah ich jedoch, dass das Paradies verloren gegangen war.

Da stand plötzlich Jesus vor mir und sagte: ‚Jetzt, wo du das Paradies gesehen hast, möchtest du hineingehen oder möchtest du zurück?‘ Ich hatte keine Ahnung davon, dass es eine Möglichkeit gibt, wieder zurückzugehen. Ich wollte nicht zurückkehren. Also sagte ich: ‚Ich möchte hierbleiben. Es gibt nichts, wohin ich zurückkehren könnte. Niemand hat mich geliebt. Ich habe keine Frau, keine Kinder.‘ Ich drehte mich um und wollte sagen: ‚Auf Wiedersehen, du grausame Welt.‘ In dem Augenblick sah ich eine Person, die mich liebt und die für mich betet. Eine Person, die ich liebe. Meine Mutter. Als ich sie sah, dachte ich mir: ‚Wenn ich jetzt in den Himmel gehe, würde meine Mutter jemals erfahren, dass ich gebetet habe? Oder würde sie denken, dass ich verloren bin?‘ Sie würde nie erfahren, dass ihr atheistischer Sohn, der Drogen genommen hatte, in diesem Krankenhaus sein Leben Jesus gegeben hat. Und da sagte ich: ‚Ich möchte zurückkehren.‘“

In diesem Augenblick ist ein Arzt gerade dabei, Ians Totenschein auszustellen. Er berührt einen seiner Füße mit einem Messer. Als der Tote seine Augen öffnet und ihn ansieht, geht dieser arme Doktor fast an die Decke. Er hat ja bereits Ians Atemsystem geprüft, seinen Puls. Seit mehr als 15 Minuten ist er klinisch tot. Und plötzlich sieht er, wie der Kopf dieses Leichnams sich bewegt. Der Doktor wird so bleich wie ein Geist. „Ich hatte meine Augen offen und sah diesen Mann, der mich behandelte wie einen Zombie. Ich konnte diesen Arzt nicht mehr so anschauen. Ich legte den Kopf auf die andere Seite und sah die Krankenschwestern, wie sie zurückwichen."

Nachdem er sich von dem Schock erholt hat, erklärt der Arzt Ian, dass er seit 15 Minuten tot ist. „Er wusste, dass er mich nicht ins Leben zurückgebracht hatte. Das konnte nur auf übernatürliche Weise geschehen sein. Ärzte haben ja Schwierigkeiten mit Leben nach dem Tod. Sie nennen es Nahtod-Erlebnisse. Wenn sie sagen: ‚Leben nach dem Tod‘, dann muss jemand wohl gestorben und von den Toten zurückgekommen sein. Wenn sie sagen: ‚Todesnähe‘, dann wird es sehr intellektuell. Sie sagen: ‚Vielleicht haben dich Drogen halluzinieren lassen.‘ Sie nennen Endorphine als Grund, dass die Gedanken dich plötzlich verlassen, als ob du unter Morphium stehst. ‚Drei Minuten Blutleere im Gehirn, und du bist tot. 15 Minuten ohne Sauerstoff in deinem Gehirn und du bist nur noch Gemüse.‘ Ich danke Gott, dass es Leben nach dem Tod gibt. Ich danke, dass Jesus lebt! Ich kann es nicht erwarten, dorthin zurückzugehen. Je länger ich auf dieser Erde lebe, umso mehr sehne ich mich zurück."

Ian McCormack hat sich vollständig vom Gift dieser todbringenden Quallen erholt. Sein Hang zu Alkohol, Drogen und einem überaus lockeren Lebenswandel ist gänzlich verschwunden. Heute ist er glücklich verheiratet. Er und seine Frau haben drei Kinder.

Ian reist um die ganze Welt und gibt Zeugnis von seiner Begegnung mit Gott als dem Überwältigendsten, was ein

Mensch jemals erleben kann. Er liebt immer noch die See über alles. Seine Mutter sagt manchmal scherzhaft zu ihm: „Du hast wohl Fischblut in dir."

Viermal zum Tode verurteilt

Kazimierz Świątek wird am 21. Oktober 1914 in Walk im kaiserlich-russischen Gouvernement Livland geboren und wächst in Riga auf. Sein Vater, Oberhaupt einer patriotischen polnischen Familie, fällt 1920 im Polnisch-Sowjetischen Krieg bei der Verteidigung der Stadt Vilnius gegen die Bolschewisten. Als Sechsjähriger wird Kazimierz mit seiner ganzen Familie von den Kommunisten nach Sibirien deportiert. 20 Jahre später kehrt er in das inzwischen polnisch gewordene Weißrussland zurück. Im April 1939 erhält er in Pinsk die Priesterweihe. Die sowjetische Besatzungsarmee verhaftet ihn als „reaktionären Priester" und verurteilt ihn im Frühling 1941 zum Tod. In der Nacht vor der Exekution greift plötzlich die deutsche Wehrmacht an. Die russischen Truppen rennen davon, ohne sich die Zeit zu nehmen, ihre Gefangenen zu liquidieren.

„Ich verdankte mein Leben also den Nazis", sagt Świątek mit einem Lächeln. Der junge Geistliche kehrt in seine Gemeinde zurück. Dort erwartet ihn eine Überraschung: „Als ich die Tür zum Pfarrhaus öffnete, musste ich feststellen, dass ein Gestapo-Offizier sich in meinem Büro einquartiert hatte. Der Offizier schnauzte mich an: ‚Raus!' Ich reagierte im gleichen Ton: ‚Selber raus! Schließlich sind Sie bei mir eingedrungen! Nebenan ist mein Bett. Und Sie schlafen darin.'" Nach einem zweistündigen Verhör lässt ihn der Gestapo-Mann gehen. Das Pfarramt bleibt requiriert.

Zwei Jahre später berichtet eine Frau aus der Gemeinde, die bei den Deutschen arbeitet, es sei ausgemachte Sache, dass Świątek in der nächsten Nacht erschossen werde. „Ich hatte keine Lust mehr, davonzulaufen. Wohin auch?" Früh am Morgen wird der Priester zum Gestapo-Offizier gerufen. Mit dem Gedanken, jetzt sterben zu müssen, macht er sich auf den Weg. Der Mann dort aber sagt nur: „Adieu, ich verlasse den Ort." Kaum ist dessen Nachfolger eingetroffen, wird Świątek festgenommen. In der folgenden Nacht soll er erschossen werden. Plötzlich bricht um 3 Uhr morgens ein Geschosshagel über den Ort herein. Die Rote Armee greift an. Die Deutschen fliehen. „Diesmal haben mir die Sowjets das Leben gerettet", erklärt Świątek, wiederum schmunzelnd.

Während der Priester erneut seinen Pfarrdienst aufnimmt, greift bald massiv die Unterdrückung um sich. Die Sowjets verhaften ihn erneut und überführen ihn nach Minsk. Dort wird er fünf Monate gefangen gehalten und neuerlich zum Tode verurteilt. Auf die Frage, woran er in den Nächten dachte, als er auf seine Exekution wartete, antwortet er: „Ich habe inbrünstig gebetet. Keine Meditationen. Keine komplizierten Gebete. Das ‚Vater unser' und die Bitte:‚ Gib mir einen guten Tod.' Einfache Gebete zu Maria. Was man so auswendig weiß. In solchen Momenten denkt man nicht viel nach." Am Tag der Vollstreckung teilt ihm der Richter mit: „Unsere Armee braucht jede einzelne Kugel. Wir werden sie nicht bei deiner Erschießung vergeuden. Du kommst nach Sibirien. Dort wirst du arbeiten, bis du krepierst."

In Sibirien wird Świątek einem Todeskommando zugeteilt. „Wir arbeiteten bei Temperaturen bis zu minus 40 Grad als Holzfäller. Mit 300 Leuten schliefen wir in einer ‚Semlanka', einem notdürftig abgedeckten Erdloch. Ohne Licht und ohne alles. Entkräftung, Hunger und Kälte brachten den Tod. Morgens, bevor wir zur Arbeit gingen, wurden die Toten hinaus in den Schnee geworfen. Nachts kamen die Wölfe und fraßen die Leichen."

Kazimierz Świątek hat bis ins hohe Alter seinen unerschütterlichen Humor bewahrt

Als Świątek nach drei Jahren immer noch lebt, steckt man ihn eines Tages in einen Zug mit der Bemerkung: „Du kommst jetzt nach Warschau." Die Reise dauert drei Monate. Der junge Priester wird gemeinsam mit anderen Gefangenen von einem Waggon in den nächsten umgeladen. Schließlich landen sie an einem Ort, der nicht Warschau heißt, sondern Workuta – die tiefste Hölle des Sowjet-Gulags. „Dort haben sie uns nicht wie menschliche Wesen behandelt. Sie behandelten uns viel schlimmer als Tiere: Verhöhnung, Gewalt, Zerstörung unserer Würde. Sie wollten uns moralisch zertreten."

Nachdem Świątek seine zehnjährige Strafe abgebüßt hat, wird er ins KGB-Büro gerufen. „Wieder sollte ich erschossen werden. Der mit meiner Sache betraute Offizier studierte lange die Unterlagen vor meinen Augen. Dann sagte er: ‚Wie hast du das alles überleben können? Du solltest eigentlich schon längst tot sein!' Darauf gab ich ihm zur Antwort: ‚Du wirst mir wahrscheinlich nicht glauben. Aber wer mich am Leben erhalten hat, das war Gott. Mein Leben verdanke ich allein ihm.' – ‚Wer ist Gott?', war die verblüffte Reaktion. Dann schrieb er irgendetwas in meine Akte. Ich betete unterdessen das ‚Vater unser' und ‚Gegrüßet seist du, Maria'. Was schrieb er da? Einen Exekutionsbefehl? Weitere Jahre in Sibirien? Es dauerte eine Ewigkeit. Schließlich schaute er mich an. Sein Blick war geradezu zärtlich und voller Mitleid. ‚Du bist frei. Da, unterschreibe!'"

1954 kehrt Świątek in seine Heimat nach Weißrussland zurück. Da gibt es keine Bischöfe mehr. Die Priester sitzen im Gefängnis oder sind mit Berufsverbot belegt. Die Kirchen haben die Kommunisten geschlossen. Ein Großteil der polnischen Bevölkerung ist nach Sibirien oder Kasachstan ausgewiesen worden. Świątek lässt sich in Pinsk nieder und bittet darum, als Priester tätig sein zu dürfen. Ablehnung. Er fragt wieder und immer wieder, bis er schließlich die erwünschte Genehmigung erhält. Wie das geklappt hat, bleibt ihm so lange ein Rätsel, bis er nach dem Fall des Kommunismus Einblick in die KGB-Archive nehmen kann. Dort findet er folgenden Eintrag: „Kazimierz Świątek, nach Pinsk heimgekehrt, ist ein Feind der UdSSR. Er war zehn Jahre in Haft, bevor er herkam. Wir wissen, dass er als Priester arbeiten will. Macht alles, um ihn davon abzuhalten. Bietet ihm eine Tätigkeit als Betriebs- oder Schuldirektor an. Nur wenn er all das ablehnt, lasst ihn als Priester zu. Redet möglichst diplomatisch mit ihm."

Świątek muss heute noch darüber lachen: „Was heißt diplomatisch! Tatsächlich haben sie mich in der Nacht zum KGB geholt. Dort begannen sie das Gespräch mit der Drohung, mich wieder nach Workuta zu schicken, sollte ich ihre Angebote nicht annehmen. Darauf gab ich ihnen zurück: ‚Ich komme von Workuta. Damit könnt ihr mich nicht schrecken, weil ich mich dort richtig daheim fühle. Vergesst aber nicht: In der Sowjetunion gibt es drei Arten von Bürgern: jene, die in Workuta waren, jene, die dort sind, und jene, die einmal dort landen werden. Gehört ihr vielleicht zur dritten Gruppe?' Was hatte ich zu verlieren? Nichts! So haben sie kapituliert und mich als Pfarrer von Pinsk registriert."

Świątek ist der einzige Priester seiner Diözese, der die sowjetische Christenverfolgung überlebt. Offiziell gibt es keine einzige Pfarrei mehr. Gläubige, die zur Kirche kommen, sind Repressalien ausgesetzt. „Man nannte uns die ‚Kirche des Schweigens'. Viele im Westen dachten, wir existierten nicht mehr. Aber wir haben in den Katakomben überlebt. In Pinsk blieb ich dann 37 Jahre, bis mich der Papst 1991 nach der politischen Wende mit meinen 77 Jahren im Pensionsalter zum Erzbischof von Minsk machte." Kurz nach seinem 80. Geburtstag, am 26. November 1994, wird Świątek von Johannes Paul II. noch in das Kardinalskollegium aufgenommen.

Der Weg zu Świąteks Wohnung ist unasphaltiert. Lehm und Pfützen bedecken die Seitengasse zu seinem alten Häuschen. Seit über einem halben Jahrhundert bleibt der älteste aktive Kardinal der katholischen Kirche seiner einfachen Behausung treu. Er heizt nach wie vor nur mäßig ein. „Die Kälte hat mich schon im sibirischen Lager frisch gehalten wie ein eingefrorenes Mammut", scherzt er. Sein bescheidenes Leben, der Humor und sein unerschütterlicher Glaube sind das Geheimnis für seinen wachen Geist mit einem erstaunlich fitten Körper. „Die Monate in der Todeszelle während des Stalin-Terrors, 59 zermürbende Verhöre durch den KGB und durch die Gestapo, zehn Jahre Arbeitslager in Sibirien, anschließend 37 Jahre Bespitzelung und Verfolgung durch das Sowjetregime – all das hat meinen Glauben und meine Widerstandskraft nur gestärkt."

Auf die Frage, was für ihn Freiheit bedeutet, antwortet Świątek: „Der Apostel Paulus schreibt, dass dort, wo der göttliche Geist herrscht, Freiheit ist. Gott hat die Menschen von Anfang an als freie Wesen geschaffen. Nichts ist wertvoller als die Freiheit. Mit ihr kann jeder von uns jenen Lebensweg planen, der dem Wesen des inneren Ichs entspricht und von der Stimme des Gewissens geleitet ist. Freiheit ist in jedem Fall die Wahl, kategorisch ‚Nein' zum Bösen und entschlossen ‚Ja' zum Guten zu sagen. Wenn der Mensch das nicht tut, verfällt er in die Abhängigkeit vom Bösen und verliert die Freiheit."

Johannes Paul II. verleiht Kazimierz Świątek 2004 den Preis „Fidei testis", Zeuge des Glaubens. Frankreich zeichnet ihn 2006 mit dem Orden eines Kommandeurs der Ehrenlegion aus. Am 21. Juli 2011 stirbt der Kardinal 96-jährig in einem Krankenhaus in Pinsk. Über seinen Tod hinaus bleibt er die Symbolfigur des Wiederaufbaus der katholischen Kirche in Weißrussland.

Mit dem Rosenkranz gegen Panzerraketen

Nicht in den wildesten Horrorträumen hätte sich Familie T. vorstellen können, dass einmal ihr Haus in Betlehem zur Zielscheibe feindlichen Beschusses wird. Getrennt durch ein liebliches Tal mit Olivenplantagen an seinen Terrassen, steht es direkt der seit 1967 aus dem Boden gestampften Jerusalemer Trabantenstadt gegenüber. Eine idyllische Landschaft. Die Familienmitglieder schätzen sich glücklich über die herrliche Lage ihres Hauses, umgeben von einem blühenden Garten und einem kleinen Zitrushain. Ihre europäischen Freunde, die sie besuchen, beneiden sie wegen dieses kleinen, glücklichen Paradieses.

Dann zuckt plötzlich ein Blitz am heiteren Himmel auf, an einem Tag im Oktober 2000. Die Al-Aqsa-Intifada schlägt wie ein Funke ins Benzinfass. Der Aufstand einer zornigen, frustrierten Generation lodert auf gegen die langjährige Vertröstungspolitik einer Besatzungsmacht. Steine gegen Panzer. Der palästinensische David gegen den israelischen Goliat. Man zieht die Daumenschrauben enger an, vermehrt Checkpoints und richtet Straßensperren ein. Die Westbank wird zu einer Enklave, zu einem Gefängnis mit eigener Selbstverwaltung.

Die blutigen Auseinandersetzungen verschärfen sich von Tag zu Tag. Der Stärkere versucht den Schwächeren wie ein ungezogenes Kind mit Kollektivstrafen zur Räson zu bringen: durch Einschließung ganzer Städte und Dörfer, durch weitere Straßenblockaden. Eine Ortschaft ist plötzlich von der anderen durch künstlich aufgerichtete mächtige Schutthalden und Zementblöcke abgeriegelt. Man will die „Unruhestifter" in die Knie zwingen. Doch das Gegenteil tritt ein: verstärkter Widerstand, noch mehr Tote – fast 400.

Familie T. beobachtet diese Entwicklung mit großer Sorge. Palästinensische „Freischärler" fangen an, mit ihren leichten Maschinengewehren auf israelische Siedlungen zu ballern. Panzer rollen heran, umzingeln Städte. Und damit beginnt auch die Belagerung des biblisch-christlichen Betlehem. Eine weitere Provokation für die hitzköpfigen, unkontrollierbaren „Freiheitskämpfer". In einer Nacht Ende Oktober geht es dann richtig los: Maschinengewehrfeuer von Betlehem in Richtung Jerusalems Vorstadt. Panzerraketen und schweres Maschinengewehrgeknatter als Antwort zurück.

Herr T. erinnert sich: „Wir saßen alle fünf in einem Zimmer. Hielten uns an den Händen und beteten. Wieder Schüsse. Kurze Stille. Dann erzitterte unser Haus unter dem schweren Beschuss von Panzergranaten in der Nachbarschaft. Jetzt das Röhren von Hubschraubern. Das Schießen schwerer Bordkanonen. Darauf das Detonieren der Einschläge. Kalter Angstschweiß stand uns auf der Stirn. Die Agonie griff wie eine eiserne Zange nach unserer Seele. Die Todesangst von Getsemani. Jede Nacht die gleichen Schreckensszenen. Am Tag, wenn die Sonne das Land in ihren milden Glanz tauchte, kamen uns diese qualvollen Stunden wie aus einem Horrorfilm vor. Wir fragten uns: ‚Träumen wir oder ist es Realität?'"

Vier Nächte hält die Familie es aus. Vier Nächte zwischen Tod und Leben. Dann fällt ihre Entscheidung: Herr T. berichtet weiter: „Wir beschlossen, sofort in unsere kleine Wohnung nach Jerusalem umzuziehen."

In der folgenden Nacht passiert es. Sie erfahren schon durch das Fernsehen von einem heftigen Schusswechsel in

Die Zweite Intifada: David gegen Goliat

Betlehem. Ein Freund warnt sie vor: „Euer Haus wurde letzte Nacht beschossen."

Als die Familie nach Betlehem zurückkehrt, ist sie erschüttert: „Schon von außen erkannten wir, dass einige Wassertanks auf dem Dach durchlöchert waren. Selbst die Satellitenschüssel hatte einiges abgekriegt. Wir sperrten die Haustür auf. Eilten die Treppe hoch. Da sahen wir es: Die Fenster im Schlafzimmer unseres Sohnes waren von Maschinengewehrsalven durchlöchert. Vier Einschüsse in Kopfhöhe über dem Bett in der Wand. Das hätte keiner überlebt. Wir sanken auf die Knie. Preisten den Himmel für die Bewahrung unseres Kindes. Dann untersuchten wir den Rest unseres Hauses. Dabei zählten wir 50 Einschüsse. Trotzdem war unser Herz voller Dankbarkeit. Es hätte ja noch viel schlimmer sein können. Dabei fielen uns die Worte aus dem Römerbrief ein: ‚Jenen, die Gott lieben, gereicht alles zum Besten.' Daran klammern wir uns!"

Frau T. legt ein Familientagebuch an:

20. 02. 2001
Wir pendeln jeden Tag von unserer Wohnung in Jerusalem zu unserem Haus nach Betlehem. Wieder einmal ist der Strom ausgefallen. Es regnet in Strömen. Der Himmel weint. Unsere Nachbarin hat ein Flugblatt auf der Straße aufgelesen: Um 15.00 Uhr soll wieder geschossen werden. Schnell alles zusammenpacken und wegfahren. Der Nebel ist so dicht, dass man kaum drei Meter weit sehen kann. Zweimal werden wir im letzten Augenblick von Verkehrsunfällen bewahrt. Wir stammeln ein Dankgebet zum Himmel.

22. 02. 2001

In Betlehem herrscht Friedhofstimmung. Eine Bekannte erzählt mir unter Tränen: „Wegen dieser schrecklichen Schie-
ßereien können meine Kinder und ich schon nächtelang kein
Auge mehr zumachen. Unsere achtjährige Tochter sprang
gestern aus dem Bett, als es anfing zu knallen. Sie warf sich
auf die Knie und klammerte sich an die Bibel."

Eine andere Bekannte sagt: „Unsere Kinder fragen mich
ständig: ‚Mama, werden wir heute Nacht sterben? Nein, wir
möchten nicht sterben!'"

Schon zwei Tage ohne Strom. Ich stehe in der Küche. Der
Elektroherd ist kalt. Wie soll ich das Mittagessen kochen?
Die Waschmaschine hat mitten im Schleudern gestoppt. Alles wird muffig darin. Kein Licht, keine Heizung, kein, kein,
kein … Wie wird unsere Zukunft aussehen? Werden wir, die
Christen im Heiligen Land, von Gott getestet? Wie Gold
im Feuer? Es tut weh. Will er uns aufbrechen aus unseren
verkrusteten Formen, um uns neues Leben, sein Leben, zu
schenken? Wir vertreiben die Angst und die Gedanken an
den wirtschaftlichen Engpass. Wir halten den Atem an. Was
bringt die nächste Stunde? Die nächste Nacht? Der folgende
Tag? Kommen wir morgen mit dem Auto wieder durch den
Checkpoint? Nochmals Maschinengewehrsalven durch unsere Fenster? Weitere zerstörte Häuser? Trotz allem. Die Familie hält zusammen. Wie eine Hand. Unsere Teenager sind
tapfer. Wir klammern uns gemeinsam an das Gebet. Vertrau-
en uns dem liebenden Vater im Himmel an. Rufen die Engel
Gottes um ihre Hilfe. Wir beten. Nicht mit den Lippen. Mit
dem Herzen.

24. 02. 2001

Fast jeden Tag fahren wir von Jerusalem nach Betlehem. Wir sitzen mit blutenden Herzen im Auto. Beten den Rosenkranz um den Frieden im Heiligen Land. Die Straße, in der wir wohnen, ist wie tot. Die Leute müssen ihre Häuser verlassen, um irgendwo anders außerhalb der Schusszone eine Bleibe für die Nacht zu finden. Die Spannungen nehmen immer mehr zu. Abgebrannte Häuser, weinende Mütter auf der Straße, Arbeitslosigkeit ... Ich bin im Garten. Nehme ein paar Zitronen von unserem Bäumchen. Lebendige Früchte. Eine Schildkröte wagt sich aus ihrem Panzer. Blinzelt in der Sonne. Zeichen des Lebens. Aber kein Leben bei den Nachbarn ringsum. Die Häuser sind abgeschlossen. Die Menschen sind geflohen. Nur Bassam steht vor seinem Haus. Vor Monaten noch ein hoffnungsvoller Rohbau, den er bald fertigstellen wollte. Raketen haben das Haus zur Ruine gemacht. Wir versuchen ihm Mut zuzusprechen: „Es wird sicher alles wieder gut. Lass dich nicht niederdrücken! Denk an deine Familie, deine Gesundheit!" Hilflose Worte, die letztlich doch nicht trösten können. Die Nachbarin weint jeden Tag, wenn wir sie sehen. Sie hat keine Nerven mehr.

28. 02. 2001

Unsere Tochter kommt von der Schule zurück. Sie setzt sich sofort ans Klavier. Übungen für den Musikwettbewerb nächste Woche. Musik, Musik in diesem Land der Trauer. Ein Symbol der Hoffnung? Immer wieder drängt sich uns die Frage auf: Warum dieser Wahnsinn? Wir haben doch niemandem etwas Böses getan. Sind niemandem Feind. Und doch werden wir wie Feinde beschossen. Ebenso unsere friedliebenden Nachbarn. Die Häuser von Unschuldigen. Sind wir die Prügelknaben der Nation? Der Schild, der feindliche Speere abfangen muss? Wir sehen es Tag für Tag: Die Spirale der Gewalt bringt keine Lösung des Konflikts. Sie schraubt sich nur mehr nach oben.

Die Worte des Evangeliums dröhnen uns wie Lautsprecher in den Ohren: „Liebt eure Feinde!" Ja, Herr, du machst es uns nicht leicht. Wie Ertrinkende klammern wir uns an deine Worte. Nein, wir wollen uns niemals von der tödlichen Hasswelle mitreißen lassen. Hass führt unweigerlich zum Tod. Hass ist wie ätzende Salzsäure, die die Seele zerfrisst. Dieses Land braucht ein Gegenserum: Bereitschaft zur Versöhnung, zur Vergebung, zum Segnen. Viel zu oft haben sich die beiden Brudervölker – Juden und Palästinenser – gegenseitig verflucht und verwünscht. „Wer zum Schwert greift, wird durch das Schwert umkommen", sagt Jesus.

Wir schlagen die Seiten der Bergpredigt auf. Dort steht die Konfliktlösung schwarz auf weiß: Welche werden Söhne Gottes genannt werden? Die Friedenstifter! Juden und Palästinenser grüßen sich x-mal am Tag mit dem Wort Frieden: Shalom, Salam. Wir fragen uns: Was meint eigentlich „Shalom"? Sicherlich „Wohlergehen". Aber auch „bezahlen"! Kaufe ich etwas in einem jüdischen Laden, dann gehe ich an die Kasse und sage: „Ani rozeh leshalem, ich möchte zahlen." Wir alle kennen das Sprichwort „Zahlen macht Frieden". Und es ist wahr. Wenn jeder seinen gerechten Lohn empfängt, wenn soziale Gerechtigkeit herrscht, wenn alle gleich behandelt werden, dann herrscht Frieden. Und die Bedeutung von „Salam"? Jesus ruft am Kreuz kurz vor seinem Sterben aus: „Vater, in deine Hände besallem ruhi, befehle ich meinen

Geist!" Tatsächlich steckt in dem Begriff „Salam" die Bedeutung „vertrauen", „sich anvertrauen". Vertrauen schafft Sicherheit für beide Völker. Nicht aber die brutale Allmacht der Waffen.

Wir deuten weiter das „politische Manifest", das Jesus als der neue Mose auf dem Berg der Seligpreisungen der Menschheit hinterlassen hat: Nicht jene, die mit Panzern, Helikoptern, mit Maschinengewehren und Steinen Zerstörung anrichten, werden das Land besitzen, sondern die Sanftmütigen. Eine Verheißung, die wie Hohn, wie eine Illusion angesichts der Eskalation der Gewalt in diesem Land erscheint. Aber es ist die Realutopie eines Gottessohnes. Und das bedeutet für uns Garantie genug. Diese Utopie verlangt, dass aus Ich-Menschen Wir-Menschen werden. Dass Juden und Palästinenser sich auf ihren gemeinsamen Vater Abraham besinnen, dessen einziger Besitz ausschließlich Gott war. Deshalb brachte er es fertig, mit Abimelch einen Friedensvertrag zu schließen, als dessen Knechte Abrahams Brunnen in Beersheba weggenommen hatten. Abraham forderte nicht mit Gewalt sein Recht, sondern besiegelte mit sieben Lämmern einen Friedens- und Freundschaftsvertrag aus dem Bewusstsein heraus, dass das Wasser aus diesem Brunnen für alle reicht. Wenn Juden und Palästinenser sich zu dieser Haltung ihres Stammvaters durchringen können, indem sie sich zurufen: „Nicht ausschließlich mein Land, sondern unser gemeinsames Land", dann wird Frieden einkehren in diesem Stück Erde, das die Berufung in sich trägt, Heiliges Land zu sein. Sicherlich, es ist ungemein schwer, dem anderen zu verzeihen, vor allem wenn er offene Wunden geschlagen hat. Aber das ist der Anruf der Stunde, vorwärts zu blicken und zu vergeben. So zu handeln wie Lot, der das brennende Sodom, die Trümmer seiner Vergangenheit, hinter sich gelassen und den Schritt in das Land einer neuen Zukunft gewagt hat. Diesen mutigen Schritt sind beide Völker ihren künftigen Generationen schuldig; denn wer zurückblickt, wie Lots Frau, der versteinert.

Mit dem Abschluss eines Waffenstillstands zwischen dem Präsidenten der palästinensischen Autonomiebehörde, Mahmud Abbas, und Israels Ministerpräsidenten im Februar 2005 ist die Zweite Intifada offiziell beendet. Familie T. kann in ihr Haus nach Betlehem zurückkehren. Die Kinder sind inzwischen erwachsen. Eine der Töchter hat sich aufgrund der eigenen Kriegserfahrung beruflich für die humanitäre Hilfe entschieden und setzt sich in Krisengebieten für die Menschenrechte der Betroffenen ein.

Nachwort

Unglaubliche Geschichten sind in diesem Buch aufgeschrieben. Man reibt sich die Augen oder schlägt die Hände vor's Gesicht.

In diesen unglaublichen Geschichten ist vom Glauben die Rede. Sehr direkt oft und ohne Umschweife.

Aber „einfach" sind die Geschichten auch nicht. Auch wenn sie manchmal den Eindruck machen können. Sie sind komplex und sie sind auch kompliziert. Es sind Geschichten des Menschen. Gott, wenn es ihn gibt – viele bezweifeln ihn ja mit vielen, auch guten Gründen – Gott ist einfach. Wir sind kompliziert.

Logisch sind die Geschichten auch nicht. Wer versucht mit der Pinzette der Logik, auch der Theo-Logik, daran zu gehen, der wird bald ins Leere laufen.

Alle diese Geschichten hätten auch anders ausgehen können als geschehen und geschildert. Das müssen die Lesenden zur Kenntnis nehmen – und sich ihren „Reim" darauf machen. Wenn es geht. Vieles reimt sich nicht.

Konfrontiert mit diesen Geschichten spüre ich einen starken Impuls, mich mit dem auseinanderzusetzen, was die Theologen, auch die Philosophen und, zunehmend mehr „moderne" Schriftstellerinnen und Schriftsteller die „Gottesfrage" nennen.

In diesen Geschichten taucht unsere sogenannte „moderne" Welt auf. Nimmt hässliche, blutige, schamlose Umrisse an. Es herrscht Gewalt in schrecklichen und erschreckenden

Ausmaßen. Dazwischen, fast wie in einem Niemandsland, tauchen Menschen auf, die nicht dem Trend der Teilnahmslosigkeit folgen, die sich nicht zu schade sind, einzugreifen, die nicht nur den großen theoretischen Wurf diskutieren, sondern das Risiko eingehen, sich in der Praxis die Hände schmutzig zu machen.

Im Nebel und in der Klarheit dieser Geschichten taucht der einsame Wanderer von Jerusalem hinunter nach Jericho auf, der, wie wir aus der „frohen Botschaft" wissen, unter die Räuber fällt und liegen bleibt, schwer verletzt, den sicheren Tod erwartend. Und dann kommen sie eben vorbei: die zwei Rechtschaffenen, die für alles einen Grund haben, um ungeschoren davonzukommen. Aber es kommt eben auch einer vorbei, der Öl und Wein in die Wunden des von Menschen blutig geschlagenen Verwundeten gießt. Der „es" sieht und nicht vorübergeht. Heilung kann beginnen.

Machen wir uns nichts vor: Gott kann nur helfen, wenn wir helfen. Jedenfalls taugt er nichts, wenn wir zu nichts taugen. Er ist kein Zierrat, kein Alibi, mit dem wir unsere Unbarmherzigkeit und unsere unmenschliche Bequemlichkeit schmücken können.

Gott, wenn es ihn gibt, redet durch Menschen. Wie anders soll er „reden" können, der oft so schweigende und immer unsichtbare Gott? Oder wird er doch sichtbar in der Praxis der Helferinnen und Helfer? Die Frage bleibt offen.

Etwas anderes beschäftigt mich noch nach der Lektüre dieser Geschichten von Karl-Heinz Fleckenstein. Es tauchen Menschen auf, die ihre Hilfe nicht an die große Glocke hängen. Die nicht zuerst fragen: „Was bringt's mir?" – Und gar noch: „Wie viel bekomme ich dafür?" Sie sehen die Gewalt, sie nehmen das Leid wahr und helfen so schnell es geht. Sie bauen nicht zuerst ein System der Hilfe auf. Sie helfen einfach – in des Wortes doppelter Bedeutung. Auch wenn sie dabei selber leiden müssen.

Praxis geht vor Theorie.

Ein Drittes noch geben mir diese Geschichten zu denken. Sie muten mich manchmal an wie „fromme Geschichten". Das sind sie auch. Aber nicht im land- und stadtläufig abschätzigen Sinn, der sich arrogant darüber erhebt und meint, solch ein Glaube, wie er da auftaucht, sei doch „naiv". Vielleicht, so denke ich mehr und mehr, hilft am Ende nach den Epochen der Verkopfung – auch der, der Theologen – nur noch der „einfache", der „naive" Glaube angesichts dessen, was wir in dieser Welt und mit dieser Welt angerichtet haben. Immerhin hat der Name Gottes auch auf den Koppelschlössern der deutschen Soldaten in zwei großen Kriegen gestanden: GOTT MIT UNS.

Nein: Gott ist nur mit uns, wenn wir mit dem Menschen sind, mit unseren Schwestern und Brüdern sind, den ganz konkreten, leibhaftigen.

Die Geschichten in diesem Buch haben es in sich. Sie sind nicht nur lesenswert.

Michael Albus

Quellennachweis

Bildnachweis:

S. 11: © KIRCHE IN NOT; S. 74: © AFP/Freier Fotograf; S. 87: © Ian McCormack; S. 98: © Henryk Przondziono/Foto Gość; S. 106: © AFP/MUSA AL-SHAER

Textnachweis:

Auf der Flucht vor dem IS-Terror:
www.kirche-in-not.de; „Welt braucht eine Revolution gegen Gewalt" (Interview mit J. Mourad über seine Gefangenschaft beim IS), 05.10.2016
www.fides.org/de; „Pater Jacques Mourad will das Kloster Mar Elian wieder aufbauen", 05.04.2016
Christen in Not, 9/2015

Ein Sohn sehnt sich nach seinem Vater:
Triumph des Herzens, 2016, Nr. 138

Das Brot des Lebens:
Triumph des Herzens, 2015, Nr. 129

Eine junge Mutter opfert sich für ihren Sohn:
Triumph des Herzens, 2013, Nr. 119

Die Geister, die er rief, wurden zu Tyrannen:
VISION 2000, 1/2011

Mit Glauben und Vertrauen ist alles möglich:
Jesus.ch/cbn.com, 17.03.2017

Monatelang als Schiffbrüchiger auf hoher See:
t-online.de; „Schiffbrüchiger soll 13 Monate auf See überlebt haben", 05.02.2014

Ein Tiefseetaucher blickt nach drüben:
www.ianmccormack.de

Viermal zum Tode verurteilt:
VISION 2000, 5/2007

Mit dem Rosenkranz gegen Panzerraketen:
Familie Fleckenstein

Über den Autor

Karl-Heinz Fleckenstein, geboren in Krombach bei Aschaffenburg, studierte katholische Theologie in Würzburg und München und arbeitete als Chefredakteur der deutschsprachigen Ausgabe der internationalen Monatszeitschrift NEUE STADT.

Im Jahre 1981 übersiedelte er nach Jerusalem. Er ist mit Louisa Fleckenstein, geb. Hazboun, verheiratet. Sie haben drei Kinder.

Fleckenstein absolvierte eine Fachausbildung am Institut STUDIUM BIBLICUM FRANCISCANUM in Jerusalem in Biblischer Theologie und Christlicher Archäologie und schloss die Ausbildung mit einem Master ab.

Nach seiner Dissertation in Biblischer Theologie an der Lateran-Universität in Rom arbeitet er heute als freier Schriftsteller und Journalist sowie zusammen mit seiner Frau Louisa als Reiseleiter für Pilgergruppen im Heiligen Land.

Von 2001 bis 2005 war er, ebenfalls gemeinsam mit seiner Frau, als Gesamtkoordinator und Ausgraber für das archäologische Ausgrabungsprojekt Emmaus-Nicopolis tätig.

Elizabeth Fleckenstein / Michael Albus

Schattendasein

Flüchtlinge berichten

978-3-7666-2353-9

176 Seiten | Klappenbroschur

auch als E-Book erhältlich

Wohl kaum ein Thema wird so hitzig diskutiert wie der Umgang mit den Geflüchteten, die bei uns Schutz und eine neue Heimat suchen. Bei aller Diskussion um Fluchtursachen, „Obergrenzen", Integration usw. rücken oftmals die aus dem Blickfeld, um die es eigentlich geht: die Jugendlichen aus Syrien, die dem Bombenhagel entkommen wollen; die christliche Familie aus dem Irak, die vom Tod bedroht wird; Menschen aus Afghanistan und Gambia, die eine neue Lebensperspektive suchen. Die Deutsch-Palästinenserin Elizabeth Fleckenstein ist selbst mitten im Krieg aufgewachsen. Zusammen mit Michael Albus erzählt sie die Geschichten Geflüchteter und gibt ihnen so einen Teil ihrer Würde zurück.